Dr. med. vet. Vera Biber

Hilfe, mein Hund ist unerziehbar!

Buchreihe: Gesundheit und Medizin

Dr. med. vet. Vera Biber

Hilfe, mein Hund ist unerziehbar!

Verhaltensänderung durch Futterumstellung
Erfahrungen und Ratschläge

Becker

Die Deutsche Bibliothek – CIP-Einheitsaufnahme

Biber, Vera:
Hilfe, mein Hund ist unerziehbar! :
Verhaltensänderung durch Futterumstellung ;
Erfahrungen und Ratschläge /
Vera Biber. – 2. Aufl. – Kirchhain : Becker, 2001
(Buchreihe: Gesundheit und Medizin)
ISBN 3-929480-34-4

Dieses Buch wird voraussichtlich auch als Hörbuch
beim Verlag Hartmut Becker erscheinen.
Bitte machen Sie insbesondere blinde
und sehbehinderte Menschen darauf aufmerksam.

Verlag Hartmut Becker
Bücher zu Schlüsselfragen des Lebens
In den Borngärten 9
35274 Kirchhain
Tel.: (0 64 27) 93 04 55 · Fax: (0 64 27) 93 04 57

1. Auflage 1999
2. Auflage 2001

Gesamtherstellung und Umschlagbild: Hartmut Becker
Lektorat: Kerstin Bandow, Hartmut Becker
Druck und Weiterverarbeitung:
Fuldaer Verlagsagentur, Fulda

Gedruckt auf chlorfrei gebleichtem Papier.
Printed in Germany.

ISBN: 3-929480-34-4

Darum geht es in diesem Buch:

Haben Sie auch so einen überdrehten, hyperaktiven Hund, bei dem alle üblichen Erziehungsversuche scheitern? Dr. med. vet. Vera Biber zeigt, daß solche Verhaltensstörungen oft in der Ernährung begründet sind. Viele Fütterungsweisen können bei Hunden nämlich Zerebralallergien auslösen – Allergien, die im Gehirn wirksam sind.

Sie können leicht selbst austesten, welche Futtermittel für Ihren Hund unverträglich sind. Die Autorin erklärt genau, wie Sie dabei vorgehen müssen.

Wie die Verfasserin selbst bei mehreren Hunden in ihrer Tierarztpraxis und in ihrer Hundezucht erleben konnte, führt eine Futterumstellung zu durchschlagenden Erfolgen! Sobald der Hund nicht mehr unter seiner Allergie leidet, ist er auch zugänglich für Ihre Erziehung. So kann doch noch ein guter Kamerad aus dem ehemaligen Problemhund werden!

In diesem Buch, das kein gewöhnlicher Hunderatgeber sein soll, wird zum erstenmal der genaue Zusammenhang zwischen Fütterung, Allergien und Verhalten aufgedeckt! Aufschlußreiche und brisante Parallelen zu menschlichen Ernährungsweisen und ihren Folgen werden dabei nicht verschwiegen.

Die genaue Beobachtungsgabe der Autorin, ihr medizinisches Fachwissen und die präzisen Informationen machen dieses hilfreiche Buch zu einer Schatztruhe für alle Hundebesitzer und Tierärzte.

Hartmut Becker

Inhalt

Vorwort

Liebe Leserin, lieber Leser,

im Jahre 472 v. Chr. schrieb Aischylos über Glaukos, Sohn der Meropi und des Sisyphos, einen Helden aus der griechischen Mythologie:

»Glaukos hatte sehr viele Pferde und fütterte sie mit menschlichem Fleisch, damit sie kampffreudiger würden. Die Götter aber erzürnten, und bei den Wettkämpfen in Iolkos – zum Gedenken an Pelias – wurden die Pferde plötzlich wild und zerrissen ihn.«

»Du bist, was du ißt« – das gilt nicht nur für den Menschen, sondern genausogut für das Tier und besonders für unsere lieben Vierbeiner, die so eng mit der Lebensweise des Menschen verbunden sind.

In diesem Sinne möchte ich allen Lesern, die dieses Buch in die Hand bekommen, einen Denkanstoß geben, so wie ich es auch mit meinen Studenten halte, indem ich ihnen folgendes ans Herz lege:

»Werdet Euch der natürlichen Lebensweise unserer Haustiere bewußt, besonders, was das Sozialverhalten und die Art der Nahrung betrifft. Ihr werdet feststellen, daß diese Lebensweise bei unseren Stadttieren in den wenigsten Fällen gewährleistet ist. Die bewußte Tierhaltung kann eine Vielzahl von Krankheiten verhindern.«

Dr. Beatrice Schmidt-Adamopoulou

(Frau Dr. med. vet. Beatrice Schmidt-Adamopoulou lehrt seit über 20 Jahren an der Veterinärmedizinischen Fakultät der Aristoteles-Universität in Thessaloniki, Griechenland.)

1

Anna, der erste Hund, der uns keine Freude machte

Wieder mal kam ein neues Hundebaby ins Haus und brachte nicht nur für die Kinder Freude und Abwechslung mit, welche die neue Arbeit, die so ein niedlicher Winzling bereitet, schnell vergessen ließ.

Aus Annuschka, wie es in ihrer Ahnentafel stand, wurde Anna, unser schwarz-rotes Dackelmädchen.

Wenn man sich einen Rassehund zulegt, dann hat man gegenüber einem Mischling den Vorteil, daß man ziemlich genau die Größe und in gewissem Rahmen auch die Eigenschaften und damit seinen Charakter voraussagen kann, je nachdem, für welche Aufgabe schwerpunktmäßig diese Rasse ursprünglich dienen sollte: Jagen, Hüten, Wachen, Verteidigen, Aufspüren, Schlitten ziehen usw.

Auch Hunde könnte man ihren Temperamenten gemäß in die vier Kategorien einteilen: Da ist der melancholische Setter, der phlegmatische Bernhardiner, der cholerische Terrier und der sanguinische Dackel, natürlich mit Mischtypen innerhalb der einzelnen Rassen.

Anna sollte werden, wie schon alle Dackel vor ihr, die in unserem Hause gewesen waren und die mich schon seit meiner Kindheit und der Teckelzucht meiner Eltern begleitet hatten: der pfiffige Hans-Dampf-in-allen-Gassen, lausbübisch zu (verzeihlichem) Schabernack aufgelegt, dabei aber intelligent und gehorsam (wenigstens beim dritten Zuruf), kurzum: wie Dackel eben so sind. Über seine Erziehung machte ich mir überhaupt keine Gedanken, war ich doch mit Hunden aufgewachsen, war gestandene Tierärztin, hatte schon jahrzehntelang Hunde der verschiedensten Rassen aufgezogen, ausgebildet, gezüchtet, ausgestellt, therapiert und gesund gepflegt.

Mit der Zeit hat man dann sein eigenes Erfahrungskonzept, dem man vertraut und das man bei jedem Hund wieder neu anwendet:

Welpen sollten spezielles Welpenfutter bekommen und öfter gefüttert werden als erwachsene Hunde. Es gibt reichlich Auswahl.

Anstatt gleich ein neues Körbchen zu kaufen, welches den Milchzähnen und dem Spieltrieb eines jungen Hundes sowieso schnell zum Opfer fallen würde, eignet sich auch der Sauberkeit wegen besser eine geschlossene Transportbox als neue Schlafstatt mit vertraut riechender Decke und einem Kauknochen zur Beschäftigung. Für den Anfang reicht auch eine geschlossene Kiste mit Zeitungspapier. Sie sollte gerade so groß sein, daß der Hund sich darin bequem ausstrecken kann, nicht größer. Morgens als allererstes und abends als allerletztes bringen wir den kleinen Vierbeiner vor das Haus, damit er sich lösen kann, wonach wir ihn ausgiebig loben. Passiert ein Malheur im Haus, können wir die Stimme ruhig etwas schärfer erheben, er darf oder soll dabei sogar vor Schreck innehalten, wenn wir ihn hoffentlich auf frischer Tat erwischen.

Nach einigen Wochen hat jeder gesunde Welpe gelernt, daß die Sache im Hause mit Unannehmlichkeiten verbunden, im Freien aber erwünscht ist.

Ist der Hund sauber und kann draußen und drinnen sicher voneinander unterscheiden, ist es durchaus möglich, draußen noch Prioritäten zu schaffen, beispielsweise, daß er lernt, sich nicht gerade vor dem Eingangstor oder in Nachbars Garten zu versäubern.

Die Unterscheidung von draußen und drinnen ist übrigens gar nicht so einfach für einen Hund. Wie ist das in einem überdachten Zwinger? Darf er, oder darf er nicht? Ich persönlich ziehe deshalb immer unüberdachte Ausläufe vor, mit freiem Himmel und lediglich überdachtem Hüttenvorplatz als Freß- und Liegefläche. Geschlossene Shoppingmeilen, zugige Bahnhöfe, große Flughallen haben für Hunde nämlich oft durchaus Draußen-Charakter, weshalb hier schnell etwas daneben geht.

Nun zurück zu Anna, unserem Dackelkind, welches sich allmählich zu einer Dame auswuchs.

Bei Anna wollte mein bewährtes System einfach nicht klappen. Sie war fast schon ein Jahr alt und mußte immer noch nachts in ihrem verschlossenen Käfig schlafen, den wir nur allzugern gegen ein schönes Körbchen oder eine Hundedecke in der Wohnzimmerecke ausgetauscht hätten. Sie war aber noch immer nicht sauber, weder nachts noch tagsüber.

Wenn wir mit ihr spazierengingen, was wir oft taten, zog sie wie verrückt an der Leine, erst in diese, dann in jene Richtung, hüpfte nach links, erschnupperte rechts etwas Spannendes und hatte so natürlich überhaupt keine Zeit, den wichtigen Geschäften nachzugehen, deretwegen wir sie ja ausgeführt hatten.

Kaum waren wir aber zu Hause angekommen, entspannte sie sich ein wenig und setzte dann ihre Pfütze dorthin, als wäre dies der selbstverständlichste Ort der Welt. Unsere Reaktionen darauf wurden im Laufe der Monate unfreundlicher, unsere Stimme lauter und unsere Hände gröber. Wir packten sie am Nackenfell und setzten sie an die frische Luft.

Die »Kiste« ist normalerweise eine todsichere Lösung, jeden Hund sauber zu bekommen. Er fühlt sich dort wohl wie in einer Wolfshöhle und niemals beschmutzt ein *gesunder* Hund aus Reinlichkeitsinstinkt gegen Ungeziefer sein Lager. Eher fängt er an zu fiepen oder meldet sich durch Unruhe, worauf man dann natürlich sofort reagieren sollte.

Ja, ich sagte: Ein *gesunder* Hund. Anna jedoch machte ihre Haufen, ohne mit der Wimper zu zucken, auch in ihre kleine Hundehütte. Aber der Gedanke, daß sie nicht gesund sein könnte, kam mir zuerst überhaupt nicht, denn sie litt nicht etwa unter Durchfall oder anderen verräterischen Symptomen.

Ihre Unsauberkeit steigerte nicht gerade unser gegenseitiges Liebesverhältnis. Die Beschmutzung ihres Lagers befremdete mich vielmehr außerordentlich, denn das war mir in meiner langen Erfahrung mit Hunden noch nie vorgekommen. Und ich murmelte vor mich hin: »Die ist ja wohl nicht ganz richtig im Kopf!« Damit hatte ich unbewußt die Sache schon ganz treffend bezeichnet. Aber was genau dahintersteckte, wußte ich zu diesem Zeitpunkt noch nicht.

Anna hatte immer großen Appetit, normalen Stuhlgang, glänzendes, wenn auch für einen Rauhhaardackel zu kurzes Fell, ein makelloses Gebiß und Kräfte vom Temperament eines Bullbeißers.

An der Leine war sie kaum zu halten. Sie zog permanent und hoppelte durch den zurückgehaltenen Galopp wie ein Kaninchen. Nie trabte sie an des Führers Seite wie ein normaler Hund. Vom Zughalsband oder später Stachelhalsband nahm sie überhaupt keine Notiz. Ruckartiges An-der-Leine-Ziehen, beruhigendes Zureden oder auch ein Klaps blieben ebenso unbeachtet wie wirkungslos.

Sie wirkte vollständig von den Reizen ihrer Umwelt absorbiert, in der ich keinen Platz mehr hatte, egal ob ich schimpfte, lobte oder strafte – das alles war ihr völlig egal. Hauptsache: Aktion!

Wenn wir sie von der Leine ließen, kam sie nur zurück, wenn sich gerade zufällig ihr Weg mit dem unsrigen kreuzte. Ansonsten war sie zu beschäftigt mit ihrer Jagdleidenschaft. Wir existierten einfach nicht mehr für sie! Dann war sie taub für Rufen, Pfeifen und Locken. Sie fand zwar nach Hause zurück, merkwürdigerweise aber manchmal nicht mehr durch das Eingangstor.

So gingen wir nur noch an der Leine mit ihr spazieren und ließen sie nur noch im geschlossenen Garten frei laufen. Der Freilauf bereitete *ihr* zwar Freude, doch uns in keiner Weise. Wie eine Verrückte kurvte dieser Hund den ganzen Tag, wie es schien, ziel- und planlos um das Haus herum, ohne auch nur im mindesten zu ermüden, fetzte durch die Blumen und den Salat, grub hier noch ein paar frisch gepflanzte Bohnenkerne aus und biß dort einen Baumsetzling ab. Nicht das kleinste Loch im Zaun blieb unentdeckt.

Niemals legte sie sich neben uns entspannt auf die Terrasse, auch nicht bei größter Hitze, wie das andere Hunde nach erlebtem Abenteuer zu tun pflegen. Wir bauten einen teuren Zaun mit Mäuerchen und engen Eisenstäben um unser Gemüse. Aber Anna suchte sich stets die Sprossen aus, zwischen denen sie sich gerade noch so hindurchquetschen konnte; und schon wieder war trotz Schimpfen und Hinausjagen das Ende unserer Ernte abzusehen ... Also: im Garten freilassen ging auch nicht!

Unter diesen Umständen wollte bald keiner in der Familie mehr mit Anna spazierengehen. Nur sie bestimmte dabei im Zickzack die Richtung, renkte einem fast den Arm dabei aus, und selbst mein achtjähriger Sohn konnte sie kaum halten.

Noch etwas war merkwürdig: So überdreht dieser Hund im Freien war, so seltsam apathisch benahm er sich im Haus! Anstatt wedelnd hinter mir herzulaufen, teilzunehmen am Familienleben, wie das ein Hund eben so tut, sich am Kamin zu Füßen seines Herrchens zu legen oder mit bittenden Augen vielleicht das Anrichten des Essens zu verfolgen, legte Anna sich immer sofort in ihre Ecke und schlief ein. Sie nahm im Haus keinen Schnupper- oder Blickkontakt zu uns auf und schlief einfach den ganzen Tag. Ein merkwürdiger Hund!

Er erschien unerziehbar und überdreht, aber ein anderes Mal wieder seltsam apathisch.

Anna war auch nicht wachsam. Sie machte in ihrer freundlichen Zuwendung keinen Unterschied zwischen Unbekannten und Familienmitgliedern, obwohl Teckel normalerweise besonders wachsam und bellfreudig sind. Sie entwickelte keinen besonderen Bezug zu uns, keine Anhänglichkeit, keine Treue, keine Aufmerksamkeit. Sie wäre mit jedem Fremden sofort schwanzwedelnd mitgegangen. Und eines Tages war es dann soweit, daß wir sie einem Begeisterten mitgaben.

Sicher, liebe Leserin, lieber Leser, werden Sie jetzt gedacht haben, daß wir bestimmt etwas falsch gemacht haben bei der Erziehung diese Hundes oder daß das doch alles ganz normal sei. Klar: Buddeln, großer Bewegungsdrang und Nicht-hörenwollen sind durchaus normale Hundeeigenschaften, erst recht bei Dackeln. Und trotzdem war bei diesem Hund einiges seltsam und anders, als ich es über Jahrzehnte zuvor erfahren hatte.

Natürlich ist jeder Hund – besonders Dackel, die ja bekanntlich keine Hunde, sondern Persönlichkeiten sind – individuell verschieden. Und so hatte ich auch die Schuld bei *mir* gesucht. Doch Versagensgefühle lösen kein Problem! Erfahrung hatte ich zweifellos, doch war ich vielleicht zu ungeduldig gewesen? Hatte ich mich zeitlich möglicherweise zuwenig um diesen Hund gekümmert? Oder hatte unser verhaltensgestörtes Kind, das ständig diesen Hund ärgerte, bedrängte und nicht mehr aufhörte, überschießend mit ihm zu balgen, ihn womöglich verrückt gemacht?

Menschen quälen Tiere z. B. in verzichtbaren Tierversuchen, leider auch ohne Absicht durch Unkenntnis ihrer Bedürfnisse. Aber hat man je davon gehört, daß Hunde ihre Besitzer quälen und eine ganze Familie tyrannisieren? Ein schwieriges Kind und ein verrückter Hund, war das nicht einfach zuviel für uns? Das alles fragte ich mich, während es mir so langsam dämmerte, daß die Persönlichkeitsveränderungen von Kind und Hund gemeinsame Ursachen haben könnten ...

Aber es gibt doch allgemeine angenehme Verhaltensweisen bei unseren vierbeinigen Hausgenossen, weshalb wir Menschen sie ja schließlich erfolgreich seit Tausenden von Jahren dazu gemacht haben. Früher wurden Hunde in der Hauptsache zu Arbeit und Pflichterfüllung in die menschliche Gemeinschaft aufgenommen. Heute leben wir viel enger mit ihnen unter einem Dach, und sie sollten uns eigentlich nur noch Freude machen. Und wenn nicht???

2

Bakasha, ein »unmöglicher« Hund

Von unserem Wurf junger Rottweiler behielt ich nur die zwei kräftigsten Töchter unserer Stammhündin zur Weiterzucht.

Und dabei hatte ich natürlich wieder so meine Vorstellung, wie sie nach meinen Erwartungen werden sollten: gesund und kräftig, schön anzusehen, vielleicht sogar preisverdächtig und in Gehorsam und Aufmerksamkeit den Ansprüchen einer Leistungsrasse genügend.

In dieses Ziel steckt ein guter Züchter all seinen Ehrgeiz, dafür ist ihm kein Weg zu weit, kein Futter zu teuer und keine Arbeit zuviel.

Meine Welpen wachsen immer in der Familie gut sozialisiert auf, d. h. mit viel Menschenkontakt.

Mit drei Wochen bekamen sie breiige Hundeflocken, anfangs mit Spezialwelpenpulvermilch und später mit Kuhmilch angerührt, dazu vitaminiertes Kalkpulver. Später ging ich zu Welpenpellets der verschiedenen Futterfirmen über, zuerst eingeweicht und später trocken. Gelegentlich gab's Dosenfleisch oder Aufbaufutter.

Sämtliche Hundebabys des zehn Stück großen Wurfs gediehen prächtig. Sie wurden mit drei Monaten in gute Hände verkauft, wenn es mir bedauerlicherweise auch nicht immer gelang, sie an Leute abzugeben, die mit ihren Hunden eine Ausbildung machten. Solches Training befürworte ich nicht nur, um meine eigene Nachzucht durch Leistungsauslese tauglich zu machen, sondern ganz bewußt auch aus Gründen der Selektion für die geistig-körperliche Gesundheit unserer Hunde.

Vielleicht stutzen Sie jetzt über das Wort »geistig«. Doch jeder gesunde Hund ist lernbegierig und leistungswillig; er möchte wie ein Mensch auch weder nutz- noch arbeitslos sein und ist bestrebt, die speziellen Fähigkeiten seiner Rasse auszuleben.

Besonders der Rottweiler ist kein Hund für Kette oder unkontrollierten Freilauf. Der Rottweilerhund ist, in der Familie gehalten, ein großer Schmuser, bedingungslos loyal gegenüber seinen Betreuern, aber jederzeit verteidigungsbereit gegenüber Fremden. Dieser angeborene Schutztrieb muß aber in richtige Bahnen gelenkt werden, sonst kann die nicht abgeführte Energie zu Zerstörungswut und solchen aggressiven Entgleisungen führen, die Hundefeinde zu Recht immer wieder anprangern.

Ich kann auch nicht meinen Hund mit hochenergetischem Leistungsfutter aufputschen und ihm dann nichts zu tun geben. Aber genau das passiert heutzutage häufig! Später darüber mehr ...

Dabei ist es gar nicht so entscheidend, was für Beschäftigung der Hund bekommt, doch sie soll Gehorsam fördern, Energie kanalisieren und das seelische Band zwischen Mensch und Tier festigen. Das kann heißen: regelmäßig radfahren, Hundeplatz, Welpenspielgruppen, Agility-Hundesport, Flyball, Vierkampf im Hundeverein, Ausflüge mit einem Hundeklub, Hunderennen, Fährtensuche, Reitbegleitung, regelmäßig mit Herrchen oder Frauchen joggen, ein Wägelchen oder einen Kinderschlitten ziehen, Rinder hüten (nach eigener leidvoller Erfahrung eignet sich diese Rasse nicht zum Schafehüten) oder allerwenigstens nächtlicher Auslauf bei der Bewachung eines Grundstücks.

Ich spreche hier nur für den privaten Bereich; wir kennen ja alle die Polizei-, Zoll-, Drogen-, Rettungs-, Blinden-, Lawinensuch- oder auch Zirkushunde, die wirklich arbeiten. Dabei spielt es für die Hunde keine Rolle, ob wir das Arbeit, Spiel oder Lernen nennen.

Meine jungen Hündinnen entwickelten sich gut. Sie wurden ihrem Alter entsprechend auf die verschiedenen Sorten von Juniorkost umgestellt, die einige Futteranbieter sogar nach Größenzuwachs der Rasse gestuft anbieten (siehe unter »c« im Vertriebsverzeichnis des Anhangs). Sowohl meine Welpen als auch meine erwachsenen Hunde erhielten die besten und abwechslungsreichsten Futtersorten, die auf dem Markt waren, war ich doch selber Besitzerin des ersten Diätfutterladens für angepaßte Hunde- und Katzenernährung, spezialisiert auf die Vorbeugung von Ernährungsschäden und unterstützende Therapie bei vielfältigen Erkrankungen wie Durchfall, Harnsteinen, Krebs, Diabetes, Herzerkrankungen, Untergewicht u. a. Einen immer größer werdenden Teil der Beratung nahmen Fell- und Allergieprobleme ein.

Dieser Praxis-Futterladen-Komplex sollte so etwas wie ein Naturkostladen für Tiere werden. Aber die Zeit war wohl noch nicht reif, oder sagen wir, die Hunde im allgemeinen waren noch nicht geschädigt genug, um eine rentable Bewirtschaftung zu ermöglichen. Inzwischen haben im Laufe der letzten Jahre die Spezialfutterarten so den Markt überschwemmt, daß ein Überblick völlig unmöglich geworden ist.

Jedes Alleinfutter ist dabei hinsichtlich seiner Ausgewogenheit ausgetestet und sollte nach Anweisung des Herstellers unvermischt gefüttert werden. Aber kein einziges Futter ist so gut, daß es über Wochen, Monate oder sogar Jahre ausschließlich gefüttert werden sollte, aus Gründen, auf die ich später ausführlicher eingehen werde.

Welpen erhalten drei, Junghunde zwei Mahlzeiten pro Tag, ein erwachsener Hund kommt mit einer satten Portion am

Tag aus, am besten morgens, damit tagsüber genügend Zeit für die Ausscheidung der Verdauungsprodukte bleibt.

Dies ist auch besonders wichtig für Junghunde im ersten Lebensjahr, denen man am besten schon zur Mittagszeit das zweite Futter verabreicht und nach 16.00 Uhr nichts mehr zu trinken gibt, damit sie es so automatisch leichter haben, die lange Nacht im Haus sauber durchzustehen. Dabei gibt man am besten zur zweiten Mahlzeit kein Trockenfutter, da sich der danach entstehende Durst erst nach Stunden einstellt. Alles normalerweise kein Problem, alles, wie ich es schon immer erfolgreich durchgeführt hatte.

Nachdem es die Töchter einige Male gewagt hatten, in einer Beißerei gegen ihre Mutter aufzubegehren, mußte ich alle drei trennen. Aus Erziehungsgründen bekam die junge Bakasha ihren Platz im Haus, die junge Borrasca in der Praxis und Cassy, die Mutterhündin, mußte sich nachts mit der Hundehütte im Zwinger begnügen.

Die Sauberkeitserziehung von Bakasha, meiner besonders verwöhnten Hündin, gestaltete sich unerwartet schwierig. Im Alter von etwa einem halben bis einem dreiviertel Jahr geschah es immer öfter, daß sie plötzlich Durchfall hatte.

Einen Hund, der seinen Stuhl nicht halten kann, sollte man nicht strafen, denn er kann kaum etwas dafür, auch wenn uns die Entsorgung auf dem Teppich der Konsistenz und des üblen Geruchs und der Flecken wegen besonders schwerfällt. Aber kein Hund versteht natürlich, solange er noch kein Unrechtsbewußtsein entwickelt hat, warum er in dem einen Fall bestraft, aber im anderen schlimmstenfalls ignoriert und vielleicht sogar bedauert wird.

Ja, schlimm war's schon, daß meine Hündin mit einem halben Jahr noch nicht sauber war! Wenn ich mit ihr spazierenging, war sie nicht in der Lage, sich draußen ausreichend zu entspannen – zuviel Interessantes gab es dort. Stundenlange Spaziergänge machte ich mit ihr, mit und ohne Leine. Sie lief nur mit nervös flackerndem Blick umher und löste sich kein einziges Mal. Es war zum Verzweifeln!

Zu Hause – *einen* Moment nicht aufgepaßt! – war dann schon wieder ein neuer Fleck auf der Auslegeware, als ob nur hier der richtige Ort dafür wäre!

Ein so groß gewordener Hund läßt sich aber nicht mehr wie ein Hundebaby am Schlafittchen packen und am Nackenfell schütteln – übrigens die Bestrafung, die Hundemütter praktizieren. Ein Welpenhäufchen ist auch nicht zu vergleichen mit den Mengen eines 40-kg-Hundes, und so mußte ich mich dann schweren Herzens entschließen, diese Hündin nur noch im Zwinger zu halten, womit ihre Mutter nur zu einverstanden war, da sie nun den begehrten Platz im Haus bekam.

Wenn ich Bakasha aus ihrem etwa 40 m^2 großen Zwinger zum Ausgehen holte, war sie völlig außer Rand und Band. Das war nicht das normale Sich-aufs-Spazierengehen-Freuen! Sie spielte vollständig verrückt, so daß ich sie kaum anleinen konnte. Dabei warf sie mich einige Male um; mehrmals renkte ich mir die Hand aus; und als sie mir einmal fast den Arm brach, war ich nahe daran, dann doch lieber das Leben des Hundes als das meine zu beenden.

Alles Zureden und Anbrüllen und sogar das Zertrümmern der Flexileine auf ihrem Kopf bewirkten bei meiner Verzweiflung kaum den Bruchteil einer Sekunde eine Veränderung oder ein Innehalten. Danach wurde an der Leine gezogen, was das Zeug hielt. Auf den ihr bekannten Befehl »Sitz!« setzte sie sich zwar in Blitzesschnelle, so daß soeben ihr Hinterteil den Boden berührte, doch im nächsten Moment sprang sie wieder hoch, mir mitten ins Gesicht, daß mir schwindlig wurde und ich fast die Besinnung verlor. Dieser Hund schaute mich nie erwartungsvoll an, wie Hunde sonst die Wünsche ihres Herrchens oder Frauchens erahnen, um ihnen dann freudig nachzukommen.

Bakasha nahm aufgrund ihrer anfallsweisen Durchfälle nicht richtig zu, war für meinen Geschmack zu mager und hechelte viel, fraß aber mengenmäßig reichlich. Sie hatte ein glänzendes Fell und ein gesundes Gebiß und hätte deshalb fast eine Schönheit sein können. Natürlich hatte ich sämtliche Untersuchungen durchgeführt, um den Ursachen der Durchfallperioden auf den Grund zu kommen. Sie hatten ergeben:

- keine Parasiten (natürlich, denn ich hatte meinen Hund regelmäßig entwurmt),
- keine Infektionskrankheit (kein Fieber oder Allgemeinstörungen, selbstverständlich wurde in meinem Zwinger ein Impfprogramm durchgeführt),
- aber den Verdacht auf eine Unterfunktion der Bauchspeicheldrüse, auf die ich später noch näher eingehen werde,
- und eine leicht verschobene Darmflora.

Wovon ich noch nicht berichtet habe, ist, daß dieser Hund auch aus anderen Gründen nicht im Haus, ja kaum im Zwinger zu halten war: Er hatte eine schier unvorstellbare Zerstörungswut!

Im Haus ging er über Tische und Bänke und im Zwinger im wahrsten Sinne des Wortes die Wände hoch! Die ganze Hauswand war ringsum in der Höhe eines auf seinen Hinterbeinen aufrecht stehenden Hundes mit Dreckpfoten verschmiert, obwohl es dort nichts zu sehen oder zu erreichen gab. Ein armdicker Efeu, der schon hundegenerationenlang in diesem Zwinger wuchs, wurde restlos von ihr gefällt und in Einzelteilen von der bis über Dachhöhe bewachsenen Hauswand heruntergeholt. Der Rest vertrocknete traurig unter der Dachrinne.

Dieses Tier konnte geradezu unheimliche Kräfte freisetzen. Bakasha hatte es fertiggebracht, eine schwere Eisentür aufzumachen, die sich zudem noch in ihre Richtung hin öffnete, um dann die dahinter liegenden Reste von Gartensamen und Rattengiftkörnern zu verspeisen, welche sie fast umgebracht hätten und einen tierärztlichen Großeinsatz erforderten. Mit anderen Worten: Mit diesem Hund gab es ständig Umtrieb, und er brachte Sachen fertig, die man für gänzlich ausgeschlossen gehalten hatte.

Seine Aggression richtete sich nicht nur gegen Sachen und andere Hunde, sondern schon in jungem Alter gegen fremde Menschen, nicht durch Verbellen – welches normal und wünschenswert gewesen wäre –, sondern hinterhältiges Zuschnappen: erst streicheln lassen und dann die Zähne zeigen!

Beim Autofahren war Bakasha übermäßig unruhig, lief ständig fiepend und hechelnd von einem Fenster zum anderen und konnte dort auch oft ihren Stuhl nicht halten, einmal so schlimm, daß bis zur Windschutzscheibe alles mit feinsten Hundekotspritzern besät war, einschließlich der Innenaufrollung der Sicherheitsgurte. Meine Freude bei der stundenlangen Säuberung des Autos und den Spott meiner Freunde können Sie sich bestimmt gut vorstellen!

Solche Arbeiten nähren natürlich nicht gerade die Zuneigung. Eigentlich überraschte mich dieser Hund fast täglich mit neuen Unannehmlichkeiten und unvorhergesehenen Zwischenfällen.

Die Schwesterhündin Borrasca hatte sich hingegen in Sauberkeit, Leinenführigkeit und Gehorsam völlig normal und ohne Probleme entwickelt.

Aufgrund der Befunde der Bauchspeicheldrüse bekam Bakasha zuerst Medikamente (Antibiotika, Pankreasenzyme und Vitamine) und zusätzlich eine strenge Diät auf Reis- und Fleischbasis, zum Teil als Dosenfutter von der Firma Hill's (d), zum Teil selbst gekocht. (Siehe Diätplan bei Unterfunktion der Bauchspeicheldrüse im Anhang.)

Nach Ausheilung der Akutsymptome des Darms behielt ich die Ernährungsumstellung bei. Zu meiner Überraschung war es nämlich nicht nur zu einer Verbesserung der Verdauung und zu spürbarer Gewichtszunahme gekommen. Fast von Stund an erlebte ich auch eine erstaunliche Verhaltensänderung bei dieser Hündin, die wie verwandelt schien und auf einmal umgänglicher, ruhiger und gehorsamer war!

Ich hätte das alles selbst nicht glauben können, hätte ich es nicht mit eigenen Augen gesehen: Es war, als ob ich einen anderen Hund vor mir hatte!

Trotz aller vorheriger Fehlschläge und mißglückter Erziehungsversuche gab diese Erfahrung den Anstoß, es ein letztes Mal mit einem streng reglementierten Erziehungsprogramm zur Stubenreinheit zu versuchen; denn ein Hund, den ich nur draußen halten kann, gibt mir persönlich nicht den Schutz und die Geselligkeit, die ich bei meinem vierbeinigen Gefährten suche.

Die Hündin war inzwischen 1½ Jahre alt. Das war zwar nicht gerade der optimale Zeitpunkt für meine Maßnahmen, aber der letzte Versuch. Ich gab ihr als Schlafraum unseren abgeteilten, 8 m^2 großen Teil in der hinteren Garage, wo es nur ein Waschbecken gab. Aber selbst dort hatte sie den Stöpsel zerkaut und so in die Abflußrohre gebissen, daß sie sich verschoben und neu gerichtet werden mußten.

Da ich für einen so großen Hund keine Transportkiste besaß, wurde Bakasha nun auf einem quadratischen erhöhten Liegebrett in einer Ecke des Hundestalls so kurz angebunden, daß sie diesen Ort nicht verlassen konnte. Decken oder irgend etwas Weiches zum Liegen wagte ich bei ihrem latenten Zerstörungstrieb noch nicht einzusetzen.

Fünfmal am Tag zur genau gleichen Zeit ging ich nun mit ihr spazieren, zwei große und drei kleinere Gänge. Durch mangelnde Bewegung während der Ruhepausen und die genau gleichen Zeiten bei täglicher Fütterung und Auslauf wurde die Darmperistaltik pünktlich angeregt; die Hündin konnte dann praktisch gar nicht mehr anders, als sich in kürzester Zeit im Freien zu lösen.

Nach einigen erfolgreichen sauberen Wochen verlegte ich den Anbindeplatz ins Haus. Mit genauester zeitlicher Präzision gelang es mir so nach etwa drei bis vier Monaten, diesen Hund doch noch stubenrein zu machen, sicherer als jeden anderen.

Die zeitweise fast grausam beschränkte Freiheit der Hündin hatte größere Freiheit für den Rest ihres Lebens bewirkt, denn nun konnte ich sie frei im Haus laufen lassen, tagsüber und vor allem nachts. Nach dem Horror, den ich vorher mit diesem Tier erlebt hatte, war es kaum zu fassen! Sie benahm sich vorbildlich, ja, sie schlich nicht einmal nachts in die Küche oder auf das Sofa.

Was hatte diesen Hund jetzt so sympathisch gemacht, was seine geradezu phantastische Heilung und Wesensveränderung bewirkt?

Ich kann es Ihnen sagen: Die **Futterumstellung**, die allerdings Zeit seines Lebens beibehalten werden muß, und die *anschließende* konsequente pünktliche Erziehung!

Wie wir gesehen haben, reicht eine gute Erziehung bei einem solcherart veranlagten Hund nicht aus – aus Gründen, auf die ich noch zu sprechen kommen werde.

3

Der Tierarzt als Psychotherapeut für Tier und Mensch

Was soll man mit Hunden tun, die auf die oben beschriebene oder eine ähnliche Art und Weise eine Gefahr für Leib und Leben von Menschen darstellen und, statt Freude zu bereiten, ihrer Familie durch übermäßig destruktives Verhalten nur Beschwerlichkeiten bescheren?

Ein Hund soll mir Freude machen, als Dank für meine optimale Betreuung, denn sonst hätte ich mir keinen angeschafft.

So, wie es Menschen gibt, die nicht zueinander passen, so passiert es zuweilen auch zwischen Mensch und Hund, daß sie einfach nicht miteinander warm werden können. Aber es gibt ebenso Liebe auf den ersten Blick, die ein Hundeleben lang hält.

Ich habe es in meiner Praxis oft erlebt, daß sich manche Menschen mit zu vielen Skrupeln plagen, einen nicht zur Familie passenden Hund auch wieder in andere Hände abzugeben, wo die Umstände des Wohnens, der Zeit, der Einsatzmöglichkeit und Auslastung für diesen speziellen Hund besser sein können. Man wird finden, daß so etwas oft durchaus zum gegenseitigen Vorteil ausgeht. Die Familie wird mit einem neuen Hund möglichst anderer Rasse glücklicher; und wir werden uns wundern, wie schnell sich unser Hund dann doch an sein neues Zuhause gewöhnt.

Was nämlich für den einen Besitzer problematisch ist, kann bei einem anderen erwünscht sein, z. B. der Verteidigungstrieb. Der Typ des Besitzers muß zum Typ des Hundes passen.

Dies soll aber nicht das Thema meines Buches sein. Und es geht auch nicht um falsche Erziehung durch mangelnde Erfahrung und Konsequenz des Tierhalters oder um Langeweile und unzureichende Beschäftigung des Hundes und auch nicht um fehlende Auslastung besonders lebhafter oder arbeitsfreudiger Rassen (z. B. Terrier, Riesenschnauzer, Vorstehhunde, Huskies u. a.).

Es gibt normales Verhalten, das von Laien für gestört gehalten wird, z. B. Aggression gegen Besuch im eigenen Haus oder das Herunterschlingen von Futter, als wären – wie in einer Wolfsgruppe – noch immer viele Futterkonkurrenten da. Dafür wird oft unnormales Verhalten nicht erkannt, das durch eine Störung der Nerven oder des Gehirns bedingt sein kann. Auch differentialdiagnostische Gehirnstörungen anderer Art durch Tumoren oder Tollwut möchte ich hier zwar erwähnen, aber unberücksichtigt lassen.

Es geht mir um bestimmte Fälle aus meiner tierärztlichen Sprechstunde, die mit den Symptomen zu tun haben, die ich in den ersten beiden Kapiteln erwähnt habe:

Fall 3: Ein junges Ehepaar kommt mit seinem etwa eineinhalbjährigen Rehpinscher eigentlich nur zum Impfen in die Praxis. Die vorausgehende Untersuchung ergibt keine Besonderheiten; aber im Gespräch zwischen mir und den Besitzern kommt zum Ausdruck, daß bei ihnen keine rechte Freude über den Hund aufkommen will: Er ist noch nicht sauber, bellt viel, läuft nervös im Haus herum und schnappt auch schon mal nach Herrchens oder Frauchens Beinen. Der Mann zeigt mir die zahlreichen kleinen Narben an seiner Hand.

Bei meiner routinemäßigen Frage nach der Fütterungsmethode wird Trockenfutter eines gängigen Fertigfuttertyps genannt. Die Marke ist mir als Billigprodukt und nicht optimale Ernährung von Hunden bekannt. Oft kommt es dabei zu stumpfem, schuppigem, leicht talgig anzufühlendem Fell und Übergewicht mit all seinen Folgesymptomen. Nach einigen Jahren ausschließlicher Fütterung mit dem Produkt können Hautallergien und als Folge von Adipositas (Übergewicht, Fettleibigkeit) Herz-, Gelenk- und Stoffwechselprobleme entstehen.

Abgesehen von Erziehungstips empfehle ich daraufhin diesem Ehepaar die konsequente Umstellung auf eine andere Ernährung, auf die ich später noch ausführlich zu sprechen komme.

Nach etwa vier Wochen ruft mich die Besitzerin wieder an und bedankt sich überschwenglich bei mir, weil sie es immer noch nicht fassen kann, daß ihr Hund seit der Ernährungsumstellung endlich ein ganz anderes, liebenswertes Tier geworden ist: Er ist fast wie von selber sauber geworden, ruhiger und wesentlich ausgeglichener. Es ist kaum zu glauben, daß allein Futterumstellung quasi wie von selbst eine Wesensveränderung hervorrufen kann.

Fall 4: Ein Mischlingshund kommt in Begleitung einer älteren Dame in das Sprechzimmer. Ja, es scheint Menschen zu geben, die eher ihren Hund begleiten als dieser sie! Er hechelt stark, so daß Brustkorb und Zunge beständig beben. Dabei jaffelt und fiept der Hund permanent, zieht unruhig an der Leine von einer Seite auf die andere und möchte in Fluchttendenz so schnell wie möglich durch die Tür entweichen. Seine Augen sind weit aufgerissen, nervös flackernd nach allen Seiten blickend. Er ist ängstlich und schnappt gleichzeitig schon bei Annäherung um sich.

Die kleine, aber für Tierärztin und Helferin anstrengende Untersuchung ist schnell beendet; ein Gespräch ist wegen der permanenten Unruhe und des Geräuschpegels des Hundes kaum möglich.

Als der Hund die Praxis verläßt, schauen wir uns vielsagend an. Meine Tierarzthelferin und ich, wir sind uns einig, daß wir so ein verrücktes Nervenbündel privat keine halbe Stunde um uns ertragen könnten. Wie kann diese Frau solch einen hyperaktiven, übernervösen Hund auf Dauer aushalten?

Wenn genug Platz im Haus ist, vielleicht ein Garten zur Verfügung steht oder die Besitzer besonders viel Zeit haben und langmütig sind, gibt es eventuell keine größeren Probleme, denn sicher benimmt sich der Hund zu Hause weniger gestreßt als gerade in der Ausnahmesituation eines Tierarztbesuchs.

Natürlich sind nicht alle Hunde, die in der Sprechstunde ängstlich sind, als verhaltensgestört zu bezeichnen. Ein ängstlicher Hund, der in seinem sonstigen Verhalten *nicht* auffällig ist, läßt sich aber durch Streicheln und Worte zur Ruhe bringen. Ein Hund, der die meiste Zeit nur sein eigenes Zuhause und vielleicht noch den Garten kennt, gerät durch Autofahren, fremde Gerüche und einen Weißkittel nur zu verständlich in Panik. Er klemmt den Schwanz ein, zittert und schaut ängstlich drein, aber im allgemeinen läßt er sich beruhigen.

Es gibt allerdings Hunde, die auch durch die freundlichste Behandlung nicht zur Entspannung kommen, die einen sozusagen gar nicht wahrnehmen und jegliches Leckerchen verschmähen.

Ganz anders als der zuletzt beschriebene endete ein ähnlicher Fall:

Am Ende einer Sprechstunde kommt es zu einem Gespräch mit der Besitzerin eines weiteren, vergleichbar veranlagten Hundes. Sie erzählt mir, daß dieser Hund wegen seiner Überaggression keinen Freilauf bekommen könne und ständig an der Leine geführt werden müsse. Die Frau zeigt mir etliche Narben an ihren Händen, wo ihr Hund sie gebissen hat.

Zu Hause läuft er ständig hinter seinem Frauchen her oder unruhig von einem Raum in den anderen. Er ist auch nicht zuverlässig sauber. Er kann nicht allein bleiben; dann kratzt und beißt er die Türen kaputt. Er kann nicht mal in Ruhe gestreichelt werden, weil er bei jedem lauten Geräusch und jeder Veränderung um ihn herum sofort aufspringt, selbst wenn eines der Familienmitglieder sich nur von seinem Stuhl erhebt.

Die mögen den Hund deshalb auch nicht, vor allem nicht der Ehemann, der kein Verständnis mehr für einen Hund aufbringt, der nur Arbeit macht, aber keine Freude bereitet. Dies läßt der Mann seine Frau und den Hund auch spüren.

Die Frau, die aufgrund meiner inzwischen leeren Praxis mehr und mehr Vertrauen entwickelt, teilt mir mit, daß der Hund einen großen Faktor ihrer Ehekrise darstellt.

Während unseres längeren Gesprächs habe ich genügend Zeit, den Hund weiterhin nebenbei zu beobachten. Ja, es gibt Hunde, deren ganzes Leben nur aus Streß zu bestehen scheint, die nie so richtig fröhlich, ausgelassen und spielerisch ihr Leben genießen können wie andere Fiffis, die sogar ihre Unbekümmertheit und gute Laune noch auf Menschen übertragen können. Es gibt Hunde, die wie fremdgesteuert und aufgezogen auf jede schnelle Bewegung reagieren. Ihr Fressen schlingen sie meist herunter, als käme jeden Augenblick ein Monster um die Ecke, um es ihnen streitig zu machen. Diese Hunde sind nicht nur für sich selbst, sondern auch für ihre Besitzer Dauerstreß. Das Erregungsniveau dieser Tiere ist ständig weit höher, als es der Situation entspricht.

Ich kenne die Patientenbesitzerin flüchtig privat und kann grobe Erziehungsfehler deshalb ausschließen. Der Hund ist nie geschlagen worden. Schon vom späteren Welpenalter an ist er wie »durchgeknallt« gewesen.

Ist der Preis einer zerbrochenen Familie nicht ein bißchen hoch für das Leben eines Hundes, der sich sogar selbst eine

Last zu sein scheint? Darf ein Hund eine Familie auseinanderbringen, der offensichtlich mit sich selbst auch Probleme hat und durch nichts zu erziehen ist? Hierbei werden die Grenzen der Belastbarkeit überschritten, vor allem, wenn man bedenkt, daß wir bis zu 16 Jahre mit ein und demselben Hund verbringen und leider das Leben für uns Menschen in letzter Zeit auch nicht leichter geworden ist.

Der Hund kann sich in den 20 Minuten unseres Gesprächs nicht durch Verhaltensänderung der Situation anpassen oder entspannen. Er setzt sich nicht, legt sich nicht, hechelt weiterhin stark und nimmt uns eigentlich gar nicht zur Kenntnis, sondern wendet sich nur mit scheuem Blick zur Tür. Am Ende des Praxisbesuchs, der eigentlich der Impfung galt, wird der Rüde eingeschläfert.

Hyperaktivität ist noch keine allgemein anerkannte veterinärmedizinische Diagnose, ist doch schon eine solche Diagnose in der menschlichen Psychiatrie schwer zu stellen. Da verwundert es sicher niemanden, daß die Erkennung der Krankheit bei einem Tier, das sich nicht verbal äußern kann, noch weitaus größere Probleme bereitet. Verhaltensauffälligkeiten bei Hunden sind ein immer häufiger werdendes Phänomen bei Hundebesitzern und in der tierärztlichen Praxis. Ein amerikanischer Kollege (10) nennt diese Art der mentalen Degenerationserscheinung **»kognitives Dysfunktionssyndrom«** und trifft damit die Sache besser als die vielen verschiedenen mehr oder weniger unglücklichen Umschreibungen in der Humanmedizin.

Ich weiß nicht, warum ich mich ausgerechnet an diesen Fall so gut erinnere, denn er liegt schon bald fast 20 Jahre zurück. Heute würde ich durch neues Wissen – das mir damals noch nicht zugänglich war und an dem ich hiermit meine Leser teilhaben lassen möchte – erst andere Therapiemöglichkeiten ausschöpfen.

Vielleicht haben Sie in dem einen oder anderen Beispiel Ihren eigenen Hund wiedererkannt, der auch als unermüdliches Energiebündel überall seine Spuren von Destruktion hinterläßt.

»Welche Behandlungsmöglichkeiten gäbe es denn da?« werden Sie fragen.

Natürlich könnte es möglich sein, ein übernervöses Tier durch vermehrte Zuwendung, viel Geduld und eine besonders ruhige Umgebung halbwegs zu normalisieren. Auch Beruhigungsmittel könnten helfen, sind aber selten eine Dauerlösung. **Es gibt ein angeboren-individuelles pathologisches Verhalten als Reaktion auf bestimmte, meist industrielle Futtermittel, welches durch Erziehung kaum beeinflußt wird, weil es neurologisch bedingt ist.** Auch dies werde ich noch genauer erläutern.

Ähnliche wie die hier vorgestellten Fälle werden in der tierärztlichen Praxis immer häufiger, aber meist nur durch Zufall angesprochen oder erkannt, fühlen sich die Besitzer doch schuldig oder wollen nicht zugeben, daß sie nicht in der Lage sind, ihren Hund zu einem gesellschaftsfähigen Genossen erziehen zu können. Im allgemeinen wird der Zusammenhang zwischen Nervensystem und Fütterung nicht erkannt, ja, sogar als unsinnig abgetan! Dabei kann es keinen Zweifel mehr geben, daß bei Hund und Kind gleichermaßen durch unsere neuzeitliche, denaturierte Ernährungsweise und überreizende Umgebung die gleiche Behinderung entsteht. Ihre Bezeichnung: **Hyperaktivität** oder **Aufmerksamkeits-Defizit-Syndrom.** Die Parallelität zwischen tierischer und menschlicher Erkrankung kann uns dabei eigentlich nicht allzusehr verwundern, denn der Hund als engstes Haustier nimmt ja in besonderer Weise an den Zivilisationskrankheiten teil, die auch den Menschen betreffen.

Selbst in Erziehungsbüchern und Fachzeitschriften wird an einen Zusammenhang zwischen Ernährung und Psyche noch nicht im entferntesten gedacht. In einer Umfrage in der Zeitschrift »Partner Hund« wird nach Erfahrungen der Leser geforscht: Verhaltensprobleme – was hat wirklich geholfen? 27 Möglichkeiten können angekreuzt werden, von den üblichen wie Erziehungskursen, Hundebüchern und Hundepsychologen bis hin zu den ausgefallensten wie Bachblüten, Klang-Therapie, Hypnose oder heilenden Steinen.

Dabei hätte vielleicht die Lösung ganz einfach sein können: Ernährungsumstellung! Aber nach dem Futter wurde nicht gefragt.

Folgenden typischen Leserbrief aus der gleichen Zeitschrift möchte ich als weiteres Beispiel nennen: Überschrift: »Er ist zu nervös, um zu lernen«. Daneben das Foto eines Schäferhundes mit dem Bilduntertitel: »Der deutsche Schäferhund gehört zu den lernfreudigsten Rassen, doch er muß erst lernen, sich zu konzentrieren.« Dann die Frage von Herrn J. H. aus S.:

»Ich habe jetzt einen 18 Monate alten Schäferhund aus dem Tierheim geholt, der sein bisheriges Leben als Kettenhund verbracht hat. Ich habe mich im Tierheim verpflichtet, mit dem Hund einen Erziehungskurs zu absolvieren, doch das ist nahezu unmöglich: Das Tier ist so nervös und überängstlich, daß es sich einfach nicht konzentrieren kann. Ich möchte den Hund behalten und traue mir selbst auch einiges zu. Wenn wir beide allein sind, taut er richtig auf, allerdings spielt und schmust er nicht. Kann ich hoffen?«

Die Antwort der Zeitung lautete: »*Ein Kettenhund hat die Welt bis jetzt feindlich erlebt: Alles, was sich ihm auf kritische Distanz genähert hat, wurde verbellt oder attackiert. Sein Leben spielte sich auf engstem Raum ab, ohne Spiele mit anderen Hunden, ohne Spaziergänge in immer neuer Umgebung. So ein Hund muß erst lernen, seine neue Welt zu akzeptieren, was bei einem jungen Tier wie Ihrem noch leicht möglich ist. Nur sollten Sie ihn nicht über-*

fordern, und das tun Sie, wenn er jetzt schon in eine Hundeschule muß. Die vielen anderen Hunde, die fremden Menschen, die Gerüche und der Trubel verwirren ihn so stark, daß er taub für alles andere ist.«

Hier mein Kommentar:

1. Ein Schäferhund ist genauso intelligent wie andere Rassen. Der zitierte Bilduntertitel suggeriert sogar dem offensichtlich selbstbewußten und ernsthaften, aber ratsuchenden Besitzer unbewußt, daß es ja dann nur an ihm liegt, wenn er einen so intelligenten Hund nicht erziehen kann.
2. Ich vermute, daß der Hund möglicherweise deshalb im Tierheim gelandet ist, weil er unerziehbar war. Vielleicht konnte er deshalb auch nur mit Anbinden gebändigt werden. Einem wesensfesten Hund schadet gelegentliches Anbinden nicht, es schont vielmehr Frauchens oder Herrchens Nerven.
3. Erziehung muß vom ersten Tag an beginnen, denn Erziehung ist bereits jede Interaktion zwischen Verhaltensweisen von Herr und Hund. Man sollte nicht warten, bis sich Unerwünschtes eingeschliffen hat, um es erst nachher wieder mühsam aberziehen zu müssen. Eine *gute* Hundeschule überfordert ihre Zöglinge nicht. Vielleicht wäre Herr H. hier sogar zufällig an die gute Futterberatung eines Sportkameraden geraten. (Allerdings sind die meisten Hundevereine mehr an der Vermarktung ihres Vertragsfutters interessiert.)
4. Nach üblicher Freudscher Manier werden psychologische Ursachen und Schuld wieder nur beim Vorbesitzer gesucht (Kettenhundsyndrom). Psychologie spielt allerdings sekundär durchaus eine Rolle. Je mehr Zwang der Hund erfährt, desto stärker können sich wiederum rückwirkend seine seelischen Störungen entwickeln.

Kein Wort hören wir über die Fütterung. Da heutzutage mindestens zwei Drittel aller Hunde mit Trockenfertigfutter ernährt werden, ist die Wahrscheinlichkeit groß, daß dieser Hund die Krankheit hat, um die es in diesem Buch geht, da er einige ihrer typischen Symptome aufweist. Ich hätte für dieses Tier die in Kapitel 7 vorgestellte Therapie vorgeschlagen. Erkannt wurden in diesem Artikel die für diese Art Hunde typische Absorption der Sinnesreize aus ihrer Umgebung ohne ausreichende Filterfunktion, was ja fehlende Konzentration bedeutet, und die Verwirrung, Wahrnehmungs- und Aufmerksamkeitsstörung. Kinder mit dieser Krankheit haben die gleichen Symptome, sind konzentrationsgestört, leicht ablenkbar und können in der Schule nicht richtig lernen. Typisch ist hier ebenfalls, daß sie am besten mit einzelnen Personen zurechtkommen, wenn sie mit diesen allein sind. Auch Gleichgültigkeit oder sogar Wegstoßverhalten bei Körperkontakt (Mangel an Sozialverhalten) sowie Schwierigkeiten, normal zu spielen, sind hier wie da symptomatisch.

5. Ich weiß leider nicht, wie dieser Fall ausgegangen ist, aber ich gehe jede Wette ein, daß dieses Aufmerksamkeits-Defizit-Syndrom nicht von selbst verschwunden ist. Ja, vielleicht ist dieser Hund sogar nach vielen vergeblichen Erziehungsversuchen und finanziellen Investitionen einer von den vielen geworden, die wieder abgegeben oder eingeschläfert worden sind, denn der Rat der Zeitschrift hat dem Hundebesitzer mit Sicherheit nicht geholfen. Und wer läßt sich schon gerne auf Dauer als unfähig kritisieren?

4

Verhaltensprobleme als neue Zivilisationskrankheiten

Verhaltensprobleme bei Hunden nehmen zu: Sauberkeitsprobleme, mangelnde Leinenführigkeit, Ungehorsam, unkontrollierbare Zerstörungswut, neurotische Dauerbeller, chronisch Ängstliche und Killerhunde, die alles angreifen, was sich bewegt. Immer mehr neue Hundeschulen mit immer ausgefalleneren Erziehungsmethoden tun sich auf. Gleichzeitig werden immer mehr Hunde in Tierheimen abgegeben oder ausgesetzt, weil bereits 20 % als verhaltensauffällig gelten. (21) Die Haupttodesursache in den ersten beiden Lebensjahren von Haushunden ist Einschläfern wegen Verhaltensproblemen wie mangelnder Stubenreinheit, Nervosität, destruktivem Verhalten, Aggression, Übererregbarkeit und Koprophagie (= Kotfressen) (18), alles Zeichen des gleichen Symptomenkomplexes, der fälschlicherweise als Trainingsmangel interpretiert wird.

Selbst, wenn Sie das Glück hatten, bisher immer an freundliche und gut erziehbare Hunde geraten zu sein, ist Ihnen gewiß aufgefallen, daß das Angebot an Zwangsapparaten und künstlichen Erziehungshilfen noch nie so groß war wie heute. Immer neue Hundeschulen mit immer neuen patentierten Erziehungsmethoden schießen wie Pilze aus dem Boden. Noch nie gab es so viele Bücher über schwierige Hunde – ein eindeutiger Hinweis auf häufige Störungen der eigentlich harmonisch gedachten Mensch-Hund-Beziehung. (10, 11) Die meisten dieser Bücher kommen aus den USA, wahrscheinlich, weil dort schon länger Fertigfutter in größeren Mengen verkauft wird. Bezeichnenderweise heißt ein Titel (11): »Hilfe, mein Hund macht mich verrückt!« Und ständig wird auf diesem Sektor Neues angeboten.

Das liegt zum einen daran, daß aus Gründen der Geschäftemacherei heute alles auch noch so Unsinnige an den Mann oder die Frau gebracht werden soll. Aber man fragt sich doch unwillkürlich, wie wohl früher Hunde für viel verantwortungsvollere Aufgaben erzogen wurden, ohne Anti-Streß-Beruhigungs-Tabletten, Citro-Kläff-ex oder Bell-ex-Hundehalsband, Teletakt oder Telepfiff, Halti, Geh-bei-Fuß-Trainer oder Gentledog, Hundetrainingsdiscs, Ultraschall-Zug-Stop-Pfeife, Anti-Ruck-Leine, unsichtbare Zäune und weitere elektronische Hundetrainer. Da gibt es automatisch einschaltende Tonbänder mit Herrchens Stimme gegen Trennungs- oder Gewitterangst oder notorisches Bellen und so weiter und so fort. Zudem war ehemals ja ein Vielfaches mehr beizubringen bei den Hütehunden, Schlittenhunden, Jagdhunden usw. als heutzutage bei unseren Spaziergeh- und Wochenend-Sporthunden, ganz zu schweigen von reinen Gesellschaftshunden, deren ehemals gute Nase inzwischen auf Sofas und unter Fernsehsesseln verkümmert. Eigentlich sollten beim Verband für das Deutsche Hundewesen VDH schon lange die Alarmglocken klingeln, denn ihm ist ebenfalls bekannt, daß in der Hundehaltung gleichzeitig ein steigender Verbrauch von Psychopharmaka zu verzeichnen ist.

Können wir denn heutzutage ohne diese ganzen Hilfsmittel keine Hunde mehr erziehen? Sind uns das Einfühlungsvermögen und die Geduld für Tiere verlorengegangen? Brauchen wir heute selbst für das Anfassen von Kindern und Hunden patentierte Anleitungen, hier die Festhalte-Therapie, dort den T-Touch, wo es doch eigentlich nur um genügend Zuwendung und Körperkontakt geht? Brauchen wir wirklich Hundesportseminare, wo uns das richtige Spielen mit Hunden beigebracht werden soll? Oder haben sich womöglich die Hunde auch selbst im Laufe der Generationen verändert? Sind vielleicht gerade mangelnde Anforderungen an sie ihr Problem?

Kommen Ihnen diese Probleme vielleicht aus der Kindererziehung irgendwie bekannt vor? Hier wie da weniger Respekt, psychische Auffälligkeiten in Form von neurotischer Angst und öfter noch unkontrollierbarer Aggression gegen Menschen und Sachen, vermehrte Unruhe, mangelndes Eingehen auf An- und Aufforderungen? Und dagegen Beschäftigungstherapien für ruhigzustellende Kinder oder Hunde?

Alle kynologischen (d. h. Hunde betreffenden) Erziehungsratgeber haben gemeinsam, daß bei all diesen psychologischen, technischen oder chemischen Zwangsmaßnahmen ein Zusammenhang völlig ausgeklammert wird: eine Störung der Hirnphysiologie, die ich nicht mit noch mehr Gift und Unterdrückung von Instinkten aus der Welt schaffen sollte, sondern vor allem durch Vermeidung ihrer Ursache.

Um obenstehende Fragen zu beantworten, lassen Sie mich noch weiter zurückgehen zu den Ursprüngen des Haushundes, dem Wolf:

Ein Wolf schläft am Tage seinen Verdauungsschlaf und ist die ganze Nacht mit Jagen, d. h. Nahrungsbeschaffung, beschäftigt. Er läuft durchschnittlich vierzehn Kilometer täglich. (2) Mit Fettleibigkeit und deren Folgeerkrankungen wie Fell-, Herz-, Gelenk- und Bauchspeicheldrüsenproblemen hat er keine Probleme. Seien wir ehrlich: Wer bietet seinem Hund jeden Tag soviel Bewegung?

Wußten Sie übrigens, daß die meisten Wölfe, die eines natürlichen Todes sterben, durch Karies und Gebißverfall ausscheiden? Wenn Sie also ihrem Liebling ein langes, gesundes Leben gönnen wollen, dann lassen Sie ihn mit Hartfutter, regelmäßiger Zahnpflege und Kontrolle durch den Tierarzt an den Errungenschaften der Zahnmedizin teilnehmen!

In Urzeiten kam der Mensch darauf, die für die Nahrungsbeschaffung verwendete Energie des Wolfshunds für seine eigenen Zwecke nutzbar zu machen. Er gab ihm Futter in Form seiner Nahrungsreste und verlangte dafür Wachsamkeit, Hilfe bei der Jagd und Spurensuche und später beim Hüten der Herden.

Heute sind die meisten Hunde nur noch zu einem Bruchteil diesem Leistungsanspruch ausgesetzt. Frühere Fähigkeiten werden von in Jahrhunderten spezialisierten Rassen kaum noch wahrgenommen. Welcher Cockerspaniel wird noch zur Entenjagd mitgenommen, welcher Irish Setter macht noch Wasserarbeit? Von den Teckeln sind es beispielsweise gerade noch 15 %, die jagdlich geführt werden, und da meine Quelle (5) aus dem Jahre 1961 stammt, dürfte der Anteil inzwischen noch tiefer liegen. Doch diese paar Prozent Hunde, die noch meßbare Leistungen erbringen, sind zuwenig, um eine Rasse in ihrer Gesamtheit gesund und leistungsfähig zu erhalten. Ich schätze, daß heute kaum mehr als 5 % aller gezüchteten Hunde Leistungsnachweise erbringen.

Schauwettbewerbe zur Zuchttauglichkeit sind zwar besser als gar nichts, ersetzen aber nicht die Leistungsauslese. Sie sind zu sehr auf Schönheit und Mode ausgerichtet, die zudem wie im Falle der Falten eines Shar Peis, der Glupschaugen eines Pekinesen oder der kurzen Schnauze eines Bullies eher der Gesundheit zuwiderlaufende Auswahlkriterien sind.

Und was ist aus unserem Anspruch auf Gegenleistung für Fürsorge, Futter, medizinische Versorgung und ein trockenes, warmes Schlafplätzchen geworden?

Abgesehen von den wenigen Hunden, die heute noch arbeiten müssen oder vielmehr dürfen oder die aus rein finanziellen Gründen als Gebärmaschine mißbraucht werden, erwarten wir eigentlich heutzutage nur noch eins: daß unser Liebling uns Freude macht und unsere Freizeit durch seine Fröhlichkeit und Verspieltheit verschönert.

Aber wir sind auf dem besten Wege dazu, daß viele Hunde selbst das nicht mehr leisten. Warum? Weil im Zuge genetischer Dekadenz (wie oben beschrieben) und aufgrund zunehmender Umweltveränderungen ihr inneres und äußeres Anpassungsvermögen nicht mehr Schritt hält mit der Überforderung durch unnatürliche Sinnesreize, Hektik, Umwelt- und Ernährungsgifte. Das trifft auf Mensch und Tier zu und führt heute schon immer öfter zum Zusammenbruch des individuellen inneren Ökosystems.

Die neueren Zivilisationskrankheiten beim Menschen sind als Depression, Neurose, Rheuma, Arthritis, Krebs, Allergien und andere Erkrankungen des Immunsystems bekannt. Der Hund als engster tierischer Begleiter des Menschen nimmt teil an den Errungenschaften der Zivilisation wie einer geheizten Wohnung, Fertigfutter verschiedener Geschmacksrichtungen, einem warmen Jäckchen mit Gummibezug gegen kalten Regen usw. und ist nun ebenso verweichlicht und verwöhnt wie wir Menschen.

Bekanntlich erfährt das Gehirn durch diese Überversorgung und Domestikation eine Verkleinerung, der Sexualtrieb dagegen hypertrophiert: Wölfinnen sind nur einmal im Jahr läufig, Hündinnen zweimal jährlich. Der Wolfsrüde hat eine zurückhaltende Art der Werbung, und nur das ranghöchste Weibchen eines Rudels zeugt Nachkommen mit dem ranghöchsten Männchen, während sich Hunderüden bei jeder sich bietenden Gelegenheit sexuell fordernd und promiskuitiv verhalten. Wölfe werden mit zwei Jahren geschlechtsreif, Hunde mit einem dreiviertel Jahr. (18)

Beim Menschen können wir diesem Fortschreiten der Domestikation, der schon große Kulturen zum Opfer fielen, aus ethischen Gründen nichts entgegensetzen, da wir den Hang zu Bequemlichkeit haben, wohl aber bei unseren Hunden.

Deshalb bin ich eine große Verfechterin der Zucht von Leistungsrassen, egal welcher Kategorie, zum Erhalt von Gesundheit, Leistungsfähigkeit, Ausdauer, Laufvermögen, Wetterhärte und, je nach Rasse, einer guten Nase, Mut, Verteidigungstrieb, Hütetrieb, Apportiervermögen usw.

Wir haben in jahrhundertelanger Zuchtarbeit hervorragende Spezialisierungen zur Hilfe des Menschen in den verschiedenen Rassen geschaffen, die in vielen Bereichen bis heute nicht durch Maschinen ersetzt werden können, z. B. Blindenhunde, Rettungshunde, Drogenhunde oder Spürhunde. Aber wir sind auf dem besten Wege, diese Kulturleistung wieder zunichte zu machen. Selbst dort, wo wir neue, sinnvolle Aufgabenbereiche für Hunde als Kotherapeuten alter Menschen oder verhaltensauffälliger Kinder gefunden haben, ist ihre Einsatzmöglichkeit in Frage gestellt, weil viele Hunde inzwischen selbst einen Psychiater brauchen; und statt einen therapeutischen Anti-Streß-Effekt auf die Patienten auszuüben, werden sie selbst als Konfliktfaktor und massive Beeinträchtigung der Lebensqualität normaler Familien erlebt (13).

Paradoxerweise sind heute oft die besten Leistungsrassen diejenigen, die nicht in Verbänden reglementiert werden. Sobald ein Hundeklub von den Ansprüchen der Leistung abgeht und nur noch auf subjektive Schönheit sieht, ist es mit dem Niedergang der Rasse nicht mehr weit. Sie wird von Generation zu Generation dümmer und für ihre eigentliche Aufgabe unfähiger.

Dies war sehr gut zu beobachten an Collies, einer alten, überaus leistungsbereiten Schafhüterasse. Wenn Sie jemals einen Hütehund bei der Arbeit gesehen haben, werden Sie begeistert sein von seinen vielfältigen Tätigkeiten, seiner Übersicht und seiner geradezu phantastischen Selbständigkeit. Doch heute ist vom Collie zwar immerhin noch ein schönes, aber auch krankheitsanfälliges und manchmal etwas dümmliches, da schmalköpfiges Geschöpf übriggeblieben.

Viele Hundefreunde, die diesen Wandel erkannt hatten, holten sich deshalb Bordercollies, eher wegen ihrer Robustheit und liebenswerten Natürlichkeit als zum Schafehüten. Sobald aber dieser Hund etliche Generationen lang nie mehr in seinem Leben eine Schafherde zu Gesicht bekommen hat und auf sein Aussehen mehr Wert gelegt wird als auf die Wetterfestigkeit seines Fells und auf seine Erziehungsfähigkeit, wird es mit dem Niedergang auch dieser Rasse nicht mehr lange dauern.

Das ist der Nachteil eingetragener Rassen mit Selektion auf Mode und Schönheit statt Intelligenz und Gesundheit.

Und noch etwas haben wir den Hunden im Zuge der Domestikation genommen, was der Wolf zum Überleben brauchte und braucht: die Fähigkeit, per Instinkt die Bekömmlichkeit seiner Nahrung beurteilen zu können.

Ein Wolf ernährt sich in freier Wildbahn von rohem Fleisch verschiedener Beutetiere. Am liebsten und häufigsten schlägt er mittelgroße Huftiere wie Reh, Rentier, (Wild-)Schaf, Hirsch und (Berg-)Ziege, aber auch gelegentlich größere wie Elch, Karibu und Wapiti, hiervon bevorzugt die ganz jungen und die ganz alten. Seine Opfer aus alten Zeiten wie Bison, Auerochse, Wisent, Steinbock und Wildpferde sind so gut wie ausgerottet. Wildschweine jagt er nur gebietsweise. Kleinere Beutetiere wie Hasen, Kaninchen, Fasane, Rebhühner, Biber, Wühlmäuse und Lemminge bekommt er nur selten aufgrund der Konkurrenz durch Füchse und Wildkatzen. Nur in außergewöhnlichen Situationen vergreift er sich an lebendigen Hunden, Katzen oder Füchsen, denn er bevorzugt Pflanzenfresser. In Hungerzeiten rührt er auch Heuschrecken, Wildbeeren und Obst an und verschmäht auch Aas oder angeschwemmte Fische nicht.

Alle Tiere werden fast restlos bis auf das grobe Skelett aufgefressen, einschließlich aller Innereien samt vorverdauter Pflanzenkost, Muskelfleisch, Drüsen samt Hormonen und Enzymen, Fellteilen, Knorpel, kleiner Knochen und Sehnen.

Hufe bleiben bis zuletzt liegen. Die Fleischnahrung wird am liebsten lebenswarm, aber auch übermürbe mit Hautgout gefressen, zur Not auch getrocknet oder gefroren, niemals aber gekocht.

Als Kulturfolger vergreift er sich bei Gelegenheit bereits an Hausabfällen (1), als erstes Zeichen der Haustierwerdung aus Not. Trotzdem zeigen uns die Anatomie des Gebisses und der kurze Darm sowie Bereiche des Verhaltens unseres Haushundes, daß dieser immer noch kein Allesfresser geworden und Wolf geblieben ist, auch wenn wir es der Einfachheit halber gerne anders hätten. Im Gegenteil ist die physiologische Anpassungsfähigkeit des zivilisierten Fleischfressers Hund dabei, an ihre krankmachenden Grenzen zu kommen.

Zweifellos wäre es das Gesündeste, auch weiterhin unsere Hunde wolfsähnlich zu ernähren, am besten mit den Körpern wildlebender Tiere. Alles spricht dafür, nur unsere Bequemlichkeit, unser großes Hygieneempfinden und unser Geruchssinn hindern uns daran, abgesehen von der Beschaffung.

Von Anfang an mit rohem Fleisch in allen Variationen ernährte Hunde sind die gesündesten und entbehren aller obengenannter Zivilisationskrankheiten. (2) Aber unsere Hunde gingen mit uns in die Zivilisation, und das Rad der Zeit läßt sich nicht mehr zurückdrehen. Wohl aber können wir uns fragen, wohin wir gehen, und aus unseren Erkenntnissen Konsequenzen ziehen.

Würde ein Wolf Getreide fressen? Würde ein Wolf künstliche Farbstoffe brauchen? Würde er Hundeschokolade anrühren? Nein, niemals! Es sei denn, er stünde vielleicht kurz vor dem Hungertod, und dann frißt bekanntlich selbst der Teufel Fliegen.

Aber unserem geliebten Benny, Rex oder Hasso muten wir so etwas zu! Soweit haben wir uns inzwischen von der Natur entfernt, aber wir zahlen auch, nicht nur finanziell, einen hohen Preis dafür, der uns noch nicht bewußt ist: Krankheiten, Tierarztkosten, Neurosen. Ja, auch Hunde leiden unter Zivilisationskrankheiten, und diese sind denen des Menschen sehr ähnlich: Diabetes, Krebs, Pilzerkrankungen, Allergien, Fettsucht, Zahn- sowie Gelenkprobleme und, wie ich meine, auch zunehmend Verhaltensauffälligkeiten.

Allergien sind ein neues Problem, das nicht etwa zufällig mit der Zunahme der Fertigfutteranwendung zusammenfällt. Vor zehn Jahren waren Allergien im Lehrplan von Tierärzten noch fast unbekannt, aber gewöhnliche praktizierende Tierärzte, keine Wissenschaftler, hatten in den USA zu diesem Zeitpunkt Allergien bei Tieren bereits als neue Epidemie erkannt, die wie eine Zeitbombe um sich zu greifen droht. (3) Und wie ich beobachten kann, haben sie recht gehabt.

Genau wie bei uns Menschen haben wir zwar die großen Seuchen stark dezimiert, und bei guter Pflege ist es möglich, ein Hundeleben recht lange auszudehnen – allerdings um den Preis der auch beim Menschen bekannten Alterskrankheiten des Herzens, der Gelenke und des Nachlassens der Sinnesleistungen.

Für die zunehmenden Zivilisationskrankheiten ist der Grund in der zunehmend veränderten Umwelt zu suchen, die für unseren Hund immer weniger artgerecht ist, ja, ich behaupte sogar, daß die moderne Großstadt auch für den Menschen nicht mehr »artgerecht« ist und er mit ähnlichen Symptomen auf diese Überforderung reagiert wie der Hund.

Wir vergessen leicht, daß der Hund genetisch und verhaltensmäßig noch zu 85 % seinem Vorfahren Wolf entspricht. (18)

Hunde sind Lauftiere. Ein Wolf kann bei Verfolgung an einem Tag eine Strecke von 200 Kilometern zurücklegen – eine enorme Ausdauerleistung. **Er ist ein Traber,** der die Geschwindigkeit von 8 km/h lange durchhalten kann. (1) Heutzutage gibt es Hunde, die noch nicht einmal mehr zum Geschäftmachen zur Bewegung ins Freie kommen, und wenn, dann nur getragen mit Mäntelchen.

Hunde sind Rudeltiere und von daher nicht dafür geschaffen, die meiste Zeit allein im Zwinger zu bleiben, wenn seine Rudelmitglieder, sprich Besitzer, zur Arbeit müssen. Und schon gar nicht im Hause, wo sie nicht wenigstens in dieser Zeit graben, nagen oder Stöcke zerkauen können.

Hunde sind Nasentiere. Unsere Großstadtdüfte von Mischungen aus Abgasen von Autos und Industrie, unsere häuslichen Gerüche von Zigarettenrauch, Nagellack, Haar- und Deosprays etc. sind ein täglicher Affront gegen die ungenutzten Fähigkeiten ihrer Geruchssinne, die der Mensch ja auf dem Gebiet der Drogenfahndung oder Spurensuche so gut für sich zu nutzen weiß. Nicht nur, daß die hochsensible Nase eines Hundes so mit der Zeit verkümmert, sie ist vielmehr durch diese synthetischen Stoffe überreizt und überfordert.

Das gilt ebenso für den **feinen Gehörsinn**, der um ein Vielfaches besser wahrnimmt als unser menschlicher. Wenn wir in bezug auf den Menschen schon von akustischer Umweltverschmutzung sprechen, um wie vieles mehr muß dann ein Hund diesem Streß ausgesetzt sein!

Einerseits sind deshalb Hunde in ihren natürlichen Fähigkeiten *unter-*, in puncto Umweltstreß aber in manchem Lebensraum *überfordert.*

Was nimmt es wunder, daß auch der Mensch sich immer weiter von der Natur entfernt und sich auch nicht mehr so gut in ein anderes Lebewesen einfühlen kann, fehlt es doch in unserer computergesteuerten Welt schon längst an echter Kommunikation unserer eigenen Spezies.

Es gibt keine Kutscher, Pferdeknechte, Jagdmeuteführer, Viehtreiber und Schäfer, ja, kaum Bauern mehr, die sich schon in der soundsovielten Generation von Kind an im Umgang mit Tieren auskennen. Heute erfahren Kinder Tiere oft nur noch als vermenschlichte, gräßlich verkitschte Figuren ohne eigene Bedürfnisse. Sie nehmen häufig nicht mal mehr ihr eigenes natürliches Bedürfnis nach Bewegung und nicht-selbstzerstörerischer Ernährung wahr, geschweige denn das ihres vierbeinigen Gefährten. Die Mensch-Haustier-Beziehung hat zunehmend den Charakter selbstverständlicher Natürlichkeit verloren. (13) Ja, es scheint Leute zu geben, die nicht einmal mehr zu wissen scheinen, daß man einem Hund Fleisch verfüttern kann. Somit verwundert es nicht, daß zwei Drittel aller Hunde nicht richtig ernährt sind. Trumler (16) spricht mir aus der Seele, wenn er meint, daß Krankheiten keinesfalls ebenso zum Hund gehören wie Schwanzwedeln und daß Tierärzte, statt zu kurieren, lieber vorsorgende Funktion in Zucht, Haltung und Fütterung ausüben sollten. (Ich halte mich inzwischen daran.)

So preist ein Unternehmen sein Spezialfutter an: »Heute reagieren junge und ausgewachsene Hunde häufig mit Verdauungsstörungen, Haut- und Fellproblemen auf ihre Umweltbedingungen. Wir bieten genau das Richtige, sogar für den jungen Hund an!«

Das kann doch nicht mehr in Ordnung sein, wenn der kranke junge Hund schon als Normalfall angesehen wird!

Auf den entscheidenden Streßfaktor für Tier und Mensch, der sich erst allmählich, d. h. in den letzten 20 Jahren, in unser Leben und das unserer Hunde eingeschlichen hat, möchte ich deshalb im nächsten Kapitel besonders eingehen: die industriegefertigte Nahrung.

5

Die Ernährung vom fleischfressenden Wolf zum fabrikernährten Haushund

Wölfe sind keine kontinuierlich in kleinen Mengen fressenden Tiere wie die Pflanzenfresser, die einen relativ kleinen Magen haben, sondern fangen nur alle paar Tage eine größere »Portion«, an der sie ihren enorm dehnungsfähigen Magen buchstäblich bis zum Erbrechen vollschlagen, um dann eventuell wieder einige Tage hungern zu müssen. Dieser Art können wir uns auch im häuslichen Bereich leicht anpassen: Bei einem erwachsenen Hund reicht zur Sättigung eine Mahlzeit pro Tag. Ein Fastentag in der Woche schadet ihm nicht, im Gegenteil: Er ist bei Übergewicht oder Durchfall sogar von hohem therapeutischem Wert.

Die Unsitte, ständig Futter zur Verfügung zu halten, ist aus ernährungsphysiologischen, erzieherischen und krankheitsvorbeugenden Gründen (Skeletterkrankungen, Übergewicht) sowie unter dem Gesichtspunkt mangelnder Aufnahmekontrolle und des Verlustes natürlicher Ernährungsweisen abzulehnen. Diese Fütterungsweise wird nur von Futtermittelfirmen propagiert, die selbstverständlich die Umsatzmenge ihres Produktes mehr interessiert als die daraus entstehenden Krankheiten, gegen die sich dann flugs wieder ein therapeutisch-diätetisches Gegenfutter entwickeln läßt.

Der Handel bietet uns heute nicht nur jede Menge technische Erziehungshilfen, sondern auch immer mehr Spezialdiäten an, die Krankheiten beheben sollen, die sich die Hunde durch das Industriefutter zuvor gerade erst angefressen haben.

Da wäre als erstes Übergewicht zu nennen. Wenn ein Wolf sich den Bauch vollschlägt, dann erhält seine Nahrung 70 bis 80 % (kalorienloses) Wasser. Trockenfutter aber enthält nur noch 6–10 % Feuchtigkeit, weshalb eine solche Magenfüllung viel mehr Kalorien beinhaltet. Dazu kommt beim Haushund noch viel weniger Bewegung als bei seinem wilden Vorfahren und ein warmer Umgebungsort, der nicht soviel Verbrennung zur Aufrechterhaltung des Stoffwechsels verbraucht wie sibirische Kälte.

So kommt es schnell zu Fettsucht, weil ständig zur Verfügung stehendes Futter auch aus Langeweile zum Fressen verführt. Zu hohes Gewicht jedoch belastet Herz, Bauchspeicheldrüse und Gelenke durch höhere Arbeitsanforderung durch Pumpleistung, Gelenkbeanspruchung oder Verdauungsenzym-Ausschüttung und führt zu schnellerem Verschleiß und entsprechenden Folgeerkrankungen wie Diabetes und Arthritis (auch der Hüfte), weshalb hüfterkrankte oder -anfällige Hunde zumindest normalgewichtig, besser noch für unseren heutigen Geschmack etwas untergewichtig sein sollten.

Schauen wir uns die moderne Ernährung unserer Hunde doch einmal näher an: Durch die Industrie ist unser Hund vom reinen Fleischfresser nach und nach zum Getreidefresser konvertiert, und es scheint, als hätten wir es nicht einmal bemerkt.

Da der Haushund vom Wolf abstammt, ist es sinnvoll, einmal zu schauen, wie dieser sich natürlicherweise ernährt. Er frißt die verschiedensten, meist pflanzenfressenden Tiere, vom Elch bis zur Maus, buchstäblich mit Haut und Haar, nicht nur das pure Muskelfleisch, welches wir immer nur unter dem Begriff »Fleisch« verstehen, sondern auch Blut, sämtliche Innereien wie Lunge, Herz, Leber, Milz, Drüsen usw. samt der körpereigenen Enzyme und einschließlich der in Mägen und Därmen vorverdauten Pflanzen. Die kleineren, weicheren Knochen werden ebenfalls samt Mark und Knorpel gefressen, bis fast nur noch das reine Skelett übrigbleibt. Dabei wird diese Nahrung auch nicht verschmäht, wenn sie für uns Menschen schon einen penetranten Kadavergeruch von sich gibt. Im Gegenteil scheint dieser Hautgout bis heute auf unsere zivilisierten Hausgenossen eine unwiderstehliche Anziehungskraft auszuüben, ein Umstand, den sich die Hundefutterindustrie zunutze macht, indem sie mit Spuren dieses Leichengeruchs das Futter anziehend macht, gerade sowenig, daß es nicht abstoßend auf die weniger sensible Nase des Hundehalters wirkt, denn das wäre fatal, ist doch der Hund von heute auf Gedeih und Verderb auf seinen Zulieferer Mensch angewiesen, der mit seinem Geld und persönlichen Geschmack entscheidet, welches Futter er seinem Hund vorsetzt.

Nicht mehr der Hund als Fleischfresser und Nasentier bestimmt seine Ernährung, sondern der Mensch als Mischköstler und Augenwesen entscheidet für ihn. Das einzige Kriterium für den Menschen ist, daß sein Liebling ihm durch Appetit seine Dankbarkeit und Gesundheit signalisiert.

Und wer beeinflußt die Auswahl des Menschen? Die Reklame der Hundefutterindustrie, die mit rein menschlichen Kriterien aus Omas Küche an seine Gefühle appelliert: Da ist von Schmorbraten und Fleischsaft die Rede (was ein Hund weder braucht noch ein Begriff für ihn ist) oder vom Italiener um die Ecke: Fleisch, Pasta und Käse, Gemüsetortellini oder Ravioli, alles für den Hund! Es ist bekannt, daß der Hundehalter, der bei sich selbst keine Eßdisziplin aufbringt, sie auch bei seinem Hund nicht durchsetzt, und so sind meist beide zu dick. Ebenso neigen Menschen, die sich selbst gesundheitsbewußt ernähren, dazu, dies auch bei ihren Tieren zu veranlassen. Jahrhundertelang wurden Hunde ohne einen speziellen Wirtschaftszweig gezüchtet und gefüttert, der sich mit dem Sattwerden von Hunden beschäftigt.

Doch nun setzt die Futtermittelbranche alles daran, Hunde mit Stoffen satt zu machen, die billiger sind als Fleisch, das eines der hochwertigsten und teuersten Lebensmittel darstellt. Alle Verarbeiter, Zulieferer, Großhändler und Zooläden wollen noch daran verdienen. Diese billigeren Stoffe sind Abfallprodukte der fleisch- und getreideverarbeitenden Industrie. So weit, so gut. Oder doch nicht?

Ich habe bisher mit Absicht nur vom Sattmachen der Hunde, nicht aber vom Gesundbleiben gesprochen. Nichts ist einzuwenden gegen die Verfütterung von Fleischabfällen, weder privat noch industriell. Es ist auch nichts gegen richtig verarbeitetes Tierkörpermehl zu sagen. Dabei werden ganze Körper verwendet. Hochwertiges Eiweiß wird so in unserer überbevölkerten und übermüllten Welt noch nutzbar gemacht. Der weniger schöne Name »Kadavermehl« wird übrigens nur von Firmen verwendet, die damit werben, daß ihr Futter ohne es hergestellt sei.

Seit Jahrtausenden haben sich Hunde davon ernährt, was von ihres Herrn Tische fiel, und das war in Ordnung, solange es den Hund nicht krank machte und der Mensch selbst auch unverfälschte Nahrung zu sich nahm.

Beides ist aber nicht mehr der Fall, denn die Tierfutterindustrie ist heute eher eine moderne Müllverwertung. Da wird vom Abwasser der Käseherstellung bis zu Faserresten der Tomaten- und Rübenverarbeitung, von Geflügelfedern bis zu Erdnußschalen wirklich alles eingestampft und untergerührt, und wenn die Tiere das nicht fressen wollen, wird durch Aromen den Sinnen Wertvolleres vorgegaukelt. Den Käufern und den Hunden ist inzwischen die Kontrolle über ihr Mahl entglitten, qualitativ und quantitativ.

Ich persönlich sehe es als eine ungeheure Geschmacklosigkeit an, daß in unserem verwöhnten Wirtschaftswunderland ein bekannter Katzenfutterhersteller Werbung macht mit mageren Stückchen besten Fleisches, garniert auf einem Silbertablettchen, wenn anderswo Menschen verhungern, weil sie sich nicht mal die Brühe blanker Knochen leisten können. Schon allein die Vorstellung, es könnte sich bei Katzenfutter um hochwertigstes Nahrungseiweiß handeln, halte ich für unmoralisch. Dieses Fleisch ist zudem gar keins, sondern nur ein geschönter Ersatz, dazu umgerechnet auf den Kilopreis so teuer wie lebensmitteltaugliches Fleisch vom Metzger. Auch ein Hundesnack ist oft teurer als das Mahl für Herrchen. Dosenfutter kostet pro Kilo oft mehr als Hack oder pures Rindfleisch.

Also, unsere fleischfressenden Haustiere können gut von dem leben, was die Menschen übriglassen. Erst recht heute, wo durch veränderte Eßgewohnheiten wertvolle Teile wie Herz, Niere und Leber nicht mehr gefragt sind. Da die meisten Menschen aber selber keine Hausschlachtungen mehr vollziehen, bleiben für die Haustiere nur noch die gekochten, gefärbten, konservierten, bis zur Unkenntlichkeit zerkleinerten, ungesunden chemischen Extrakte ebenfalls wieder künstlich hochgepuschter, kurz vor ihrem natürlichen Tod verwerteter, ungesunder Tiere, großgezogen mit ausgelaugten Pellets. Industrienahrung macht auf Dauer krank, Tier wie Mensch.

Wenn wir Menschen die besten Fleischstücke für uns selbst reklamieren, dann müssen wir dem Hund ersetzen, was ihm in den nicht zugestandenen Teilen fehlt, denn Schlachtabfälle sind nicht vollwertig wie der Verzehr des gesamten Beutetieres. In der modernen Großstadtfütterung geht es schon lange nicht mehr nur um den Ersatz der besten Stücke, damit für Fiffi auch etwas Gutes bleibt. Wir selbst haben ja auch nur noch in den seltenen Fällen des Landlebens mit den Teilen eines gesamten Tieres zu tun, wenn wir uns ein Steak in die Pfanne hauen. Uns selbst geht es inzwischen lange nicht mehr nur ums pure Sattwerden, sondern auch um die Bequemlichkeit: Genau wie unser eigenes Essen soll das Futter für den Hund schnell fertig sein, möglichst wenig Arbeit mit Einkauf und Lagerung machen, und keinesfalls soll es schlechte Gerüche entwickeln oder gar Ungeziefer anziehen, wie das Fleisch im Sommer so an sich haben kann.

Aber für schnelle Sättigung ohne viel Arbeitsaufwand zahlen Menschen und Haustiere einen immer höheren Preis: die Zunahme zivilisationsbedingter Krankheiten, die in großem Umfang durch manipulierte, industriegefertigte, nicht mehr naturbelassene Nahrung verursacht werden: Diabetes, Mykosen, Zahnfäule, Parodontose, rheumatisch-arthritische Erkrankungen, Übergewicht mit Folgeerkrankungen an Herz, Gelenken und Bauchspeicheldrüse und Allergien an Haut, Darm und – was ich in diesem Buch insbesondere anspreche – am Gehirn, was eng verbunden ist mit neurologisch bedingten Wesensveränderungen. Diese zuletzt genannten Allergien, Zerebralallergien genannt, und ihre Folgen sind selbst in veterinärmedizinischen Kreisen noch so gut wie unbekannt.

Ich möchte zurückkommen auf die Zusätze zum Fleisch, die die Industrie dem Hundefutter beigibt. Eigentlich sollten diese ja, wie wir gesehen haben, ein Ersatz für die guten Stücke sein, die dem Fleischfresser Wolf-Hund entgangen sind, weil sie für die menschliche Ernährung bevorzugt werden.

Statt dessen werden Getreideerzeugnisse zugesetzt. Sie sind billiger als Fleisch und stammen aus den Abfallstoffen der Getreideverarbeitung. Meist handelt es sich um Weizen oder Mais, selten Reis, alle in Form von Mehl, Schrot, Flocken, altbackenem Brot, Kornhülsen oder Kleie.

Diese Produkte sind für Hunde, da vorgekocht und somit künstlich vorverdaut, ebenfalls verwertbare Energiespender. Körner nimmt ein Wolf aber nur in sehr geringer Menge –

vorgequollen im Kropf oder angedaut im Nahrungsbrei des Darmes – mit einem Wildhuhn oder anderem Geflügel auf. In rohem Zustand kann ein Hund Getreide sowie Obst und Gemüse nämlich in seinem Verdauungsprozeß so gut wie gar nicht aufschließen, da er keine Gärkammern wie im Magen der Wiederkäuer oder im Darm der Pferde oder Kaninchen besitzt. Seine Darmpassage ist auch wesentlich kürzer als die der Pflanzenfresser, nämlich nur einige Stunden im Gegensatz zu Tagen. Somit kann ein Fleischfresser die im rohen Getreide, Obst oder Gemüse enthaltenen Vitamine und Mineralstoffe kaum für seinen Körper nutzbar machen. Allerdings können wir durchaus z. B. roh geraspelte Möhren oder Äpfel als natürlichen Füllstoff unterrühren, allerdings weniger als Vitaminspender als vielmehr zur Förderung der Verdauung und zum Ersatz für die entgangenen Innereien.

Die äußerst scharfen Magensäfte sind hervorragend dazu geeignet, Bakterien verwesenden Fleisches oder Erreger kranker Beutetiere abzutöten sowie schwerverdauliche Knochenteile chemisch anzugreifen. Wolf und Hund sind Aasfresser, weshalb Hunde bis heute noch an der Vorratshaltung des Vergrabens festhalten. Ein natürlich ernährter Hund ist unempfindlich gegen verdorbenes Fleisch.

Die meisten Hundebesitzer machen sich nicht klar, daß heutzutage die meisten Hundefutter fast ausschließlich aus pflanzlichen Rohstoffen bestehen. Sogenannte Fleischbällchen ebenfalls, sie werden nur noch abschließend mit einem industriell hergestellten Fleischextrakt besprüht, der den Geruch und das Aussehen von Fleisch künstlich durch Aromen und Farbstoffe bekommen hat. (7, 8) Dieser Fleischauszug wird hergestellt aus bereits entfettetem, industriell künstlich vorverdautem Abbau tierischer Gewebe aus Schlachtabfällen von Geflügel oder aus den Eingeweiden oder Lungen von Rindern, denen Phosphorsäure zugesetzt wird, bis im richtigen Moment der

Prozeß wieder gestoppt werden soll. Aus dem verbackenen Getreidebrei mit etwas künstlichem Fleischgeschmack drumherum werden jetzt »feine Kroketten mit Rind« oder »Fleischbällchen mit Huhn«, und da machen auch die sogenannten Premiumprodukte keine Ausnahme. (6) Die Werbung suggeriert Verschiedenheit fast völlig identischer Sorten, wo nur ein winziger geschmacksbestimmender Teil verändert ist, den das Tier vielleicht nicht einmal wahrnimmt.

Ähnliches geschieht mit Dosenfutter, welches als Hauptbestandteil Struktureiweiß enthält, das nichts anderes ist als ein gefärbtes Sojabohnenprodukt, und die dunkleren Stücke darin, die wie Leber aussehen, können Partikel aus Holzkohle sein. (6) Die »Fleischstücke« haben alle Eigenschaften des Fleisches, das sie darstellen sollen, außer seinem Nährwert, und sein Geschmack ist durch synthetische Aromen ersetzt.

Der Unterschied zwischen Markenfutter und Billigfutter ist lediglich, daß ersteres mehr gleichbleibende Qualität mit gleichen, ausgewogeneren Inhaltsstoffen aufweist, während zweiteres seinen Preis durch marktabhängige Rohstoffeinkäufe durch mehr Variabilität niedriger halten kann, weil teurere Inhaltsstoffe gegen immer billigere ausgetauscht werden. (6) Gute Hersteller führen zudem eigene Fütterungsversuche durch, aber sie sind leider die einzigen Wissenschaftler, die auf dem Gebiet der Hundeernährung forschen und dies natürlich nicht industrieunabhängig tun. Auch die Anstrengungen fortschrittlicher Futterfirmen in der Fortbildung von Tierärzten, die in ihrer Universitätslaufbahn so gut wie nichts über praktische Hundeernährung, geschweige denn Diätetik, gehört haben, dienen vornehmlich der Vermarktung ihrer selbst erschaffenen Produkte.

Die Produzenten sind es auch, die die Artikel in Hundezeitschriften über Fütterung schreiben und den Lesern immer wieder einhämmern, die eigene Herstellung von Futter sei gefährlich. Mit genügend klarem Sachverstand ist das keineswegs der Fall. Doch den Hundehaltern wird Angst gemacht, sie könnten ihre Hunde mit giftigen Nüssen und blähenden Hülsenfrüchten krank machen. Gleichzeitig vermarktet aber die Industrie die Sojabohne in großem Stil.

In der Natur frißt der Wolf an Kohlenhydraten nur die oben erwähnten, natürlich enzymatisch aufgeschlossenen Pflanzen. Die vielgepriesenen Vitamine kann er entweder selbst in seinem Körper synthetisieren, oder er findet sie in seinen Opfern, besonders in der Leber der geschlagenen Tiere. Nur in Hungersituationen frißt er auch schon mal Beeren oder Hausabfälle. Getreide würde er nicht anrühren, weil er es nicht verdauen könnte. Und das Gras, daß er gelegentlich wie auch noch unsere Hunde hinunterschluckt, braucht er nicht für die Vitamine, denn es verläßt den Körper unverdaut, sondern um spitze Knochenteile einzuwickeln, damit diese ihm nicht innerlich die Schleimhäute verletzen. (In der Tierarztpraxis machen wir uns Ähnliches zunutze, indem wir Hunde, die an verschluckten spitzen Fremdkörpern wie Nägeln, Angelhaken o. ä. leiden, mit für sie unverdaulichem Sauerkraut zwangsfüttern.) Beim Verspeisen ganzer Beutetiere übernehmen Fell, Haar oder Federn diese Funktion.

Wir können diese Dinge gut selbst bei unserem Hund beobachten: Bei meinen eigenen Hunden z. B., die zuweilen den von unseren Pferden verstreuten Mais aufleckten, trat dieser unverdaut hinten wieder zutage.

Dasselbe beobachten wir bei billigem Hundefutter: Ist das Getreide nicht fein genug gemahlen oder nicht genügend industriell »vorverdaut«, finden wir unverdaute grobe Körner im Hundekot. Ist die Gesamtmenge an unverdautem Getreide in unserem Hundefutter zu hoch, was in fast allen Fertigfuttern mehr oder weniger der Fall ist, wundern wir uns, daß die Menge des ausgeschiedenen Stuhls kaum mengenmäßig weniger zu sein scheint als seine gefütterte Portion. Das zeigt uns, daß unser Hund nur einen Bruchteil davon nutzen konnte, aber mit großen Mengen die Umwelt verschmutzt. Außerdem fehlen dem Getreide lebenswichtige Aminosäuren, die der Fleischfresser braucht. Besonders große Rassen bekommen im Wachstum auf diese Weise oft nicht genügend kalorische Energie und sind auch erwachsen eher unter-, kleine Rassen dagegen eher übergewichtig.

Das optimale Gewicht erfühle ich an den Rippen: Sie sollen tastbar, aber nicht sichtbar sein. Mengenangaben in der Fütterungsanweisung sind Unsinn, denn der Stoffwechsel eines jeden Tieres ist unterschiedlich und abhängig von Haltungstemperatur (draußen oder geheiztes Haus), Temperament (Nervosität = mehr Energieverbrauch), Größe, Bewegung usw. Einmal täglich satt füttern und die Menge individuell auf die Figur abstimmen, das sind die einzigen sinnvollen Anweisungen bei erwachsenen gesunden Hunden.

Empfindliche Hunde, die schon mit Allergien, Bauchspeicheldrüsenproblemen oder gestörter Darmflora zu tun haben, reagieren zusätzlich auf den zu hohen Getreideanteil mit einer Azidose. Das ist eine Übersäuerung des Stoffwechsels, einschließlich säuerlich riechendem hellem Durchfall schaumiggäriger Konsistenz und einem pH-Wert von 5,5 und darunter. (7) Dies läßt auf überhandnehmende gasbildende Bakterien schließen, die zu Blähungen führen.

Sollten Sie diese Auffälligkeiten bei Ihrem Hund feststellen, rate ich Ihnen, ein anderes Ernährungsprogramm für Ihren Vierbeiner ins Auge zu fassen: mehr Fleisch, weniger oder gar kein Getreide oder wenigstens Weizen und Mais vermeiden und durch Reis ersetzen. Zu Futterstoffen, die diese überschüssigen Säuren im Stoffwechsel neutralisieren können, da sie basenbildend sind, zählen Milch in jeder Form, Blut, angegangenes Fleisch (Aas), Gemüse und Früchte (für den Hund bevorzugt Möhre und Apfel, roh gerieben). (19)

Vielleicht werden Sie jetzt sagen: »Mein Hund verträgt kein Fleisch! Davon bekommt er immer stinkigen, blutigen Durchfall!«

1. Der Stuhl ist nicht blutig, sondern schwarz durch verdautes Blut im Fleisch. Die ausgeschiedene Menge eines fleischfressenden Hundes ist äußerst gering im Verhältnis zur verfütterten Fleischmenge, ein Zeichen dafür, daß er fast alles für seinen Körper nutzen kann.
2. Gelegentlicher dünnerer Stuhl ist normal (bei uns Menschen ja schließlich auch) und keineswegs krankhaft, wenn er nicht mit Symptomen wie Fieber, Mattigkeit, Parasiten im Kot, Erbrechen oder gestörtem Allgemeinbefinden verbunden ist. Er verschwindet sofort nach der nächsten Portion andersartigen Futters.

   Ein größeres Problem ist die Sauberkeit bei Haushunden, aber sobald die Darmflora des Hundes auf die Verdauung von Fleisch um- und eingestellt ist, wird es hiermit keine Probleme mehr geben, im Gegenteil: Das Tier hat durch weniger Volumen viel seltener Druck auf den Darm zum Gassigehen. Im Zweifelsfalle nimmt man die Umstellung allmählich vor, mit anfänglicher Beimischung von stopfendem gekochtem Reis.
3. Dem puren Fleisch fehlen in unserer üblichen Fütterung an Schlachtabfällen wie Muskeln, gebrühtem Pansen, Milz usw. nicht nur die pflanzlichen Anteile, sondern oft auch Ballaststoffe. Ein ideales Futter ist roher Pansen mit grünem Mageninhalt oder Därme mit Inhalt und daranhängenden Organen. Den Ballaststoffen zur Anregung der Darmperistaltik, welche beim Menschen in Rohfaserform in Kleie oder rohem Gemüse enthalten sind und die in der modernen Nahrung weitgehend fehlen, entsprechen beim Hund die schwerverdaulichen Teile von Sehnen und Haut mit daranhängendem Haar. Diese anscheinend überflüssigen

Abfallstoffe sind sehr wichtig für einen normalen Transport der Nahrung durch den Darm und wirken sogar darmkrebsverhütend.

Firmen, die sich bereits auf Naturnahrung für Hunde spezialisiert haben, bieten diese normalerweise nicht mehr verfügbaren, aber doch so effektiven Teile – wie getrocknete Haut mit Fell – als Diätetikum in akzeptabel ästhetischem Zustand getrocknet an (siehe Anhang, Vertriebsfirmen a, i).

Es liegt mir fern, hier die gesamte Hundefutterindustrie in pauschaler Manier schlechtzumachen, aber man sollte wissen, daß Fertigfutter Gesundheitsrisiken mit sich bringen kann und welche dies sind, um sie rechtzeitig zu erkennen. Die Auswahl macht's!

Nun gibt es allerdings eindeutige Zusammenhänge, die zwischen neuen, sich häufenden Erkrankungen bei Hunden und Industriefutter bestehen. Diese sind deshalb besonders tückisch, weil es sich um spätere chronische und nicht um sofort erkennbare, akute gesundheitliche Störungen handelt.

Ein Beispiel: Typisch war noch vor etlichen Jahren der durch ein ganz bestimmtes Fertigfutter ernährte Hund. Dieses war vor etwa 15 Jahren eine der schmackhaftesten und am weitesten verbreiteten Futtersorten auf dem Markt. Ich konnte oft Erstaunen bei den Hundebesitzern auslösen, wenn ich ihnen, ohne zu fragen, auf den Kopf zusagen konnte, daß ihr Hund in der Hauptsache diese Marke fraß. Die so ernährten Hunde waren fast alle selbst in jungen Jahren schon unförmig dick, wirkten dadurch älter, hatten ein stumpfes, schuppiges, fettiges Fell und oft weitere davon abhängige Gesundheitsprobleme. Sie setzten viele große, rot gefärbte Kothaufen in die Landschaft. Dieses war der typische Hund, der zu viele Kalorien, zuviel Getreide und zu viele künstliche Farb- und Aromastoffe zu sich nahm. Gleichzeitg fehlten ihm aber andere wichtige Wertstoffe, in diesem Fall vor allem bestimmte Fettsäuren, welche neben anderen Wirkungen dem Fell ein glänzendes und gesundes Aussehen geben.

Vor allem Trockenfutter wird oft ohne genügend essentielle, d. h. lebenswichtige Fettsäuren hergestellt, da diese schnell verderben und dann unangenehm ranzig riechen und außerdem Futtersäcke unansehnlich fettig durchflecken lassen. In den hierfür verwendeten Tierkörpermehlen sind zudem alle Fette bereits für andere Industriezweige extrahiert (woran wir erkennen können, daß oft mehr technologische Kriterien für die Zusammensetzung eines Futters ausschlaggebend sind als ernährungsphysiologische).

Auf diesen Mangel haben sich heute wiederum schon viele gute Futtermittelhersteller eingestellt, indem sie entsprechende Fette inoxidierbar dem Futter beisetzen und die Säcke innen mit einem Plastikmantel auskleiden. Die Fettsäuren gibt es als Zusatz inzwischen bei Tierärzten und gut sortierten Futtermittelläden auch separat zu kaufen. Fischöle (h) oder Lebertran sind besonders zu empfehlen. Auch andere tierische, möglichst weiche Fette wie Hühnerfett, Schweineschmalz oder ein Eßlöffel hochwertiges Distelöl ersetzen das fehlende Fett, an welchen es auch bei erhältlichen Schlachtabfällen oft mangelt, weil der modern ernährte Mensch kein fettes Fleisch oder Schmalz mehr schätzt.

Industriefutter enthält nicht nur fast immer zuviel Getreide, sondern die wenigen verwendeten tierischen Proteine werden zudem auch noch während ihrer Verarbeitung durch bis zu 250 °C reichende und zu lange Temperatureinwirkung (17) (Sterilisieren, Einkochen, Trocknen) in ihrer Verdaulichkeit vermindert. Dies verstärkt zusätzlich die Ungleichgewichte im Darm, die schon durch zu hohen Getreideanteil ausgelöst werden. Die Verdauungskapazität für Fette dagegen ist sehr hoch (7), aber gerade an Fetten besteht oft ein Mangel. Ganz allgemein ist die Verdauungs- und Fermentierungsfähigkeit bei Nicht-Pflanzenfressern sehr begrenzt, denn sie haben ja nur einen relativ kleinen, einfachen Dickdarm (6) und eine schnelle Darmpassage.

Durch ein immer größeres und zunehmend unüberschaubares Angebot von Fertigfutter sind Mangelkrankheiten, die sich auf ein ganz bestimmtes Futter zurückführen lassen, seltener geworden, weil der Käufer immer wieder verführt wird, Neues auszuprobieren, zum Vorteil seines Hundes, den er damit vor Einseitigkeit schützen kann. Aber immer häufiger in Erscheinung tretende futterabhängige Erkrankungen im allgemeinen sind die in immensem Maße zunehmenden Allergien.

Eine Allergie ist eine individuelle Empfindlichkeitsreaktion auf natürliche oder synthetische Stoffe in Luft, Wasser oder Nahrung oder bei Kontakt mit Feststoffen mit verschiedenen Zielorganen, wozu neben Haut und Darm meist unerkannterweise auch Nerven und Gehirn zählen, welche nun mal eng verbunden sind mit dem Verhalten, weshalb es zu Wesensveränderungen kommen kann. Eine Allergie ist eine übermäßige Aktivität des Immunsystems auf für andere Individuen normalerweise verträgliche Stoffe. Den Allergien bei Hunden werden bis heute in der Hauptsache Ekzeme mit Hautjucken zugeordnet, gelegentlich auch Durchfallerkrankungen, aber so gut wie nie werden Allergien für unnormal schwieriges Verhalten, Aggressionen, Bösartigkeit oder gar mangelnde Stubenreinheit verantwortlich gemacht.

Verhaltensauffälligkeiten werden selbst in der neuesten tierpsychologischen Literatur (18) bestenfalls pädagogischen, genetischen, erfahrungsbedingten und psychosomatischen (?) oder unspezifizierten ökologischen Ursachen zugeordnet, nicht aber neuropathologischen oder allergischen. Die Ernährung wird als wichtiger Kausalfaktor schlichtweg übersehen, obwohl heutzutage so oft von ganzheitlichem Ansatz die Rede ist.

Nur in sehr weniger, mir zugänglicher veterinärmedizinischer Literatur hat ein Tierarzt ebenfalls auf den Zusammenhang zwischen Verhalten und Ernährung hingewiesen. (10) Die Therapie des Kollegen schließt zwar eine nicht näher spezifizierte proteinarme Ernährungsumstellung ein, legt aber den Schwerpunkt mehr auf Verhaltenstherapie in Verbindung mit verschiedensten, auch in der Humanmedizin gebräuchlichen Psychopharmaka.

Nach meiner Erfahrung ist eine Verhaltenskonditionierung jedoch erst sinnvoll, wenn bereits eine individuelle Futterumstellung solcherart schwieriger betroffener Hunde vorgenommen und so das Gehirn von Giftstoffen befreit und aufnahmefähig geworden ist. Dann sind keine Psychopharmaka mehr nötig, und wir brauchen nicht allergische Körpervergiftungen mit noch mehr Giften zu therapieren. Die darauffolgende Erziehung stützt sich auf regelmäßiges, konsequentes Reglement durch positive Verstärkung. **Diät ist nicht alles, aber ohne Diät ist alles nichts.**

Das, was ich hier gegen Haut-, Wesens- und Darmkrankheiten propagiere, ist aber eigentlich keine Diät, denn diese Behandlung bedeutet nichts anderes als den Einsatz möglichst naturnaher Ernährung, soweit sie heutzutage noch möglich ist. Ich weiß natürlich, daß ich hiermit nicht im Trend liege, denn jeder zweite Hund in Deutschland lebt bereits von Fertigfutter, Tendenz steigend.

Die Firmen versprechen sich weitere große Wachstumschancen durch Diätfutter und »Functional Food«, d. h. allerlei Zusatzpräparate, mit denen die Schäden der Industrienahrung wieder behoben werden sollen. Aber auch Vitaminmangel sollten wir nicht durch Pillen, sondern durch gesunde Nahrung beheben. Außerdem kann nur ergänzt werden, was bereits erforscht wurde.

Meinen eigenen Standpunkt möchte ich durch Schilderung meiner eigenen leidvollen Erfahrung, die ich mit meinem hyperaktiven Sohn machen mußte, im nächsten Kapitel darstellen.

6

Wie ich dazu kam, dieses Buch zu schreiben

Die oben erwähnten Begebenheiten mit einer Rottweilerhündin meiner eigenen Zucht waren schon einige Jahre her, als ich durch eine Familienangelegenheit wieder besonders an diesen, aber auch an die anderen hier bereits erwähnten Hunde erinnert wurde und mir nach und nach immer klarer bewußt wurde, daß die Krankheit meines hyperaktiven Sohnes Parallelen zu den überdrehten Hunden aufwies, mit denen ich in der Praxis und auch neuerdings zu Hause zu tun gehabt hatte.

Je weniger Hilfe ich von Ärzten für mein Kind bekam, desto mehr begann ich, medizinische Literatur über diese Krankheit zu lesen. Aber allein bis zur Diagnose war es ein weiter Weg gewesen, und weder die Ärzte noch viele Krankenhausaufenthalte hatten es vermocht, die Ursachen der Verhaltens- und zahlreichen physischen Störungen bei meinem Kind zu klären, bis ich eine genaue Symptombeschreibung in einem Buch fand. (4)

Nach der Diagnosefindung war wenigstens ich (wenn auch immer noch nicht die Ärzte) in der Lage, meinem Kind zu helfen, indem ich alle verfügbaren Informationen auswertete, die ich bekommen konnte.

Ich konnte meinen Sohn zwar nicht vollkommen heilen, denn die grundsätzliche Disposition für Allergien ist im Individuum angelegt, aber seine Symptome soweit beeinflussen, daß er einen sehr großen Schritt in Richtung Normalität tat. Nach dem Studium sämtlicher mir zur Verfügung stehender Literatur und genauer Beobachtung (in der wir Veterinärmediziner besonders geschult sind, weil unsere Patienten ja nicht sprechen können) sowie Ausprobieren zahlreicher verschiedener Therapien stand nach 80%iger Besserung der Symptomatik eindeutig fest, daß es einen Zusammenhang zwischen seiner Unruhe, Zappeligkeit, Unaufmerksamkeit und Überdrehtheit einerseits und bestimmten Lebensmitteln andererseits gab, die er vor Ausbruch der Symptome zu sich genommen hatte.

Die zuverlässigste Diagnose können Sie selbst als bester Kenner ihres Tieres (und Kindes) aufgrund Ihrer Beobachtungen bei einer Ernährungsumstellung stellen. Es gibt auch tierärztliche Haut- und Bluttests (Prick, Rast, Elisa), die aber bei Hunden mehr noch als bei Menschen oft falsch positiv oder negativ, je nach Testmethode, aussagen.

Durch Nahrungsumstellung, d. h. Vermeidung der krankmachenden Allergene, und einen konsequenten Erziehungsstil und strukturierten Tagesablauf ließ sich eine unglaubliche Besserung der Symptome bei meinem Kind bewirken. Je mehr ich mich ins Fachstudium vertiefte und empirisch mit dieser Krankheit auseinandersetzte, desto mehr wurde mir klar, daß auch viele Hunde von dieser neuen Zivilisationskrankheit betroffen sind. Viele Krankheitszeichen waren ebenso bei den befallenen Hunden vorhanden, und entsprechende Therapien waren sogar noch erfolgreicher als beim Menschen, weil die verbleibende Feinabstimmung von Gehirnfunktionen bei einem Hund weniger ins Gewicht fällt, die psychischen Rückkopplungen nicht so kompliziert sind (Selbstbewußtsein, Schulverhalten, Sucht usw.) und die Nahrungsaufnahme eines Hundes besser kontrolliert werden kann als bei einem Kind, das mit zunehmendem Alter den Verführungen von Konsumterror und Reklame ausgesetzt ist.

Wie bei den entsprechenden Kindern, bei denen sich epileptiforme Änderungen der Gehirnstromkurven im EEG nachweisen lassen, die auf eine lokal beschränkte Krampfbereitschaft zu Anfällen im Schläfenlappen hinweisen (die aber nie äußerlich in üblicher Weise in Erscheinung treten müssen), lassen sich solche Veränderungen auch bei den entsprechenden verhaltensauffälligen Hunden nachweisen. (10) Möglicherweise sind das diese eigenartigen, abrupten, lethargischen Zustände, wenn betroffene Hunde mit einem merkwürdigen Gesichtsausdruck ihre Umgebung nicht mehr wahrnehmen und irgendwie nicht ganz da und nicht ganz bei sich zu sein scheinen, oder es handelt sich um die stundenlangen Schlafperioden, die postaktiv und postaggressiv auftreten nach einem hysterischen Anfall mit aggressivem Kontrollverlust ohne erkennbare oder nur geringe, unangemessene Ursache oder nach hyperaktiver Phase bis zur Erschöpfung.

Viele der Symptome des Wutsyndroms, bekannt bei Berner Sennenhunden und Spaniels, haben Ähnlichkeit mit den plötzlichen Wutanfällen hyperaktiver Kinder: Sie benehmen sich wie verrückt, aggressiv ohne erkennbaren Auslöser, sind unberechenbar, explosiv, ihr Verhalten weicht vom normalen Muster ab, Berührungen dulden sie nicht, und Barbiturate bewirken keine Beruhigung. (18) So wie amerikanische Professoren behaupten (4), man könne 75 % der psychisch Kranken mit individuell abgestimmter Diät heilen und aus den psychiatrischen Kliniken entlassen, so gibt es praktische Tierärzte, die behaupten, daß durch Einhaltung einer proteinarmen Diät Epilepsie heilbar sei (3). Ich habe erfahren, daß Zerebralallergien, allergische Reaktionen im Gehirn, durch eine individuelle Diät therapierbar sind, und möchte Ihnen in diesem Buch diese völlig straffreie Problemlösung vorstellen.

In den letzten mehr als 15 Jahren war ich mit zahlreichen Hunden dieser Art in der Praxis konfrontiert gewesen, ohne es zu wissen. Von zehn eigenen Hunden, die ich während dieser Zeit besaß, waren drei allergisch-hyperaktiv. Wenn ich, wie Dodman (3), noch Epilepsie zum gleichen Symptomkreis zählen würde, wären es sogar vier gewesen.

Zufällig enthielten die ersten Fertigfutterdiäten, die sich gerade damals auf dem Markt ausbreiteten und die ich den Hunden wegen Durchfall- oder Bauchspeicheldrüsenerkrankungen gegeben hatte, aufgrund ihrer Zusammensetzung weniger Allergene als die sonst übliche Fertignahrung: Sie waren meist auf der Basis von Reis aufgebaut, welcher erwiesenermaßen weniger allergen wirkt als Weizen oder Mais, die heute üblicherweise im Futter enthalten sind. In Ländern, deren Hauptgrundlage des Essens Reis ist, gibt es nachweislich weniger menschliche Nahrungsallergien als in den europäischen Ländern mit ihrem hohen Angebot an weizenhaltigen Produkten. Warum sollte also die im Laufe der Industrialisierung veränderte Nahrung nur bei gewissen disponierten Menschen eine Veränderung im Gehirnstoffwechsel bewirken und nicht auch bei entsprechend veranlagten Hunden, die schließlich über ein Gehirn verfügen, das physiologisch in seinen Grundstrukturen ähnlich wie das des Menschen arbeitet?

Nicht ein einziger hyperaktiver Hund ist mir aus meiner Kindheit und Jugendzeit gegenwärtig, obwohl ich von Kindesbeinen an mit den unterschiedlichsten Rassen groß geworden bin. Erst in den letzten fünfzehn Jahren, also mit Zunahme der Fertigfutterindustrie, waren mir in meinem persönlichen Bereich von zehn Hunden drei hyperaktive Exemplare verschiedener Rassen begegnet.

Es ist ein unglaublicher Unterschied, wenn man nach einem solcherart gestörten wieder an einen gesunden, wesensfesten Hund gerät: Es gibt dem Hundehalter die positive Rückkopplung eines gesunden Selbstbewußtseins, einen Hund erziehen und ein gutes Verhältnis zu ihm aufbauen zu können. Er plagt sich nicht mehr mit Schuldgefühlen eines Hundebesitzers, der sich überall unbeliebt macht. Sein Hund bereitet ihm wieder Freude und erzieht sich fast wie von selbst. Meine »Uschi« gibt mir zur Zeit endlich wieder dieses zufriedene Gefühl durch ihren Blickkontakt, der ständig erkunden möchte, was ich wohl vorhabe, möchte oder mißbillige. Ich genieße ihre Gehorsamkeit und auch ihr gelegentliches schlechtes Gewissen (ein hyperaktiver Hund hat keins), ihre Aufmerksamkeit gegenüber meinen Wünschen und meinem Gesichtsausdruck und auch ihr sensibles Eingehen auf meine Stimme, als ob sie die menschliche Sprache verstünde. Was für ein Unterschied zu einem hyperaktiven Hund, der selbst auf Brüllen nicht reagiert und keinerlei Wert auf die Erkundung menschlicher Stimmungen legt!

Aber obwohl sie leicht lernfähig, gehorsam und nicht allergisch belastet ist, kann ich an Tagen, an denen ich aus Zeitmangel oder Bequemlichkeit industrielles Trockenfutter gebe, auch bei ihr ein erhöhtes Aggressions- und Energiepotential feststellen: Sie fängt an, die Matratze in ihrer Hütte zu zernagen; sie bellt Leute hinter dem Gartenzaun auf der Straße an, die sie sonst unbeachtet gelassen hat; sie bellt gegen Personen aus dem Auto, obwohl diese noch weit entfernt sind. Sie hört dann nicht auf einen leisen Wink wie gewöhnlich, sondern ich muß sie öfter, etwas schärfer und lauter zur Ordnung rufen, wenn sie vom Weg einen Abstecher in den Wald machen möchte. Beim Gehorsam fehlt ihr gewissermaßen etwas die Beherrschung. Sie will auch nach einem langen Spaziergang noch mit mir spielen. Wenn etwas zerstört wird (z. B. Rasen, ihre Liegestatt oder etwas im Auto), passiert es *immer* an den Tagen (oder kurz danach), an denen sie Trockenfutter gefressen hat. Das kann doch kein Zufall sein!

Sie umwölkt uns und die ganze Wohnung dann mit unangenehmen Gerüchen und erscheint mir immer etwas aufgedunsen. Manchmal riecht sie dann so seltsam nach Baldrian, daß mir schon der Verdacht kam, einige Firmen würden dieses Beruhigungsmittel gleich mit ins Futter geben. Vielleicht wäre auch bei ihr durch ausschließliche Verfütterung von Fertigfutter eine negative Wesensveränderung auf Dauer provozierbar, denn Allergien können sich noch in jedem Alter einstellen und sind unabhängig von Rasse und Geschlecht. Auch bei hyperaktiven Hunden ist es ja typisch, daß sie an manchen Tagen völlig normal erscheinen, an anderen wiederum total überdreht, abhängig vom Futterkontakt mit ihrem individuellen Allergen.

Probieren Sie es selbst aus! Wenn Sie hocheiweißhaltiges Trockenfutter füttern, notieren Sie, was Sie an Ihrem Hund am meisten stört! Beobachten Sie ihren Hund gut! Führen Sie gegebenenfalls ein kleines Fütterungs- und Verhaltenstagebuch! Gehen Sie dann zu in Kapitel 7 beschriebenem reinem Naturfutter im Baukastensystem über (siehe Tabelle S. 149). Ich bin sicher, Sie werden dasselbe feststellen wie ich, nämlich daß sogar bei einem äußerlich und wesensmäßig gesunden Hund durch die Ernährung von industriellem Fertigfutter eine negative Wesensveränderung durch Änderung der Gehirnphysiologie stattfindet, ganz abgesehen von anderen gesundheitlichen Problemen. Ebenso werden Sie erleben, daß sich andererseits naturnahe Ernährung in jedem Falle positiv auf Ausgeglichenheit und Gehorsamkeit auswirkt, auf gute Gesundheit sowieso und außerdem auf ein strammes Aussehen mit fester Muskulatur.

Meine Erkenntnisse fasse ich wie folgt zusammen:

Aufgrund eigener Beobachtungen und medizinischer Erfahrungen behaupte ich, daß wie beim Menschen durch gewisse allergene Stoffe in der Nahrung, besonders in Fabrikfutter, bei disponierten Hunden eine Zerebralallergie ausgelöst wird, die durch die Beeinträchtigung des Gehirnstoffwech-

sels eine Krankheit bewirkt, die dem Hyperkinetischen Syndrom beim Menschen entspricht. Die Erforschung dieser Erkrankung wirft auch beim Menschen noch viele Fragen auf. Es liegen aber vergleichbare Verhaltensauffälligkeiten vor. Diese Abweichungen vom Normverhalten sind, weil neurologisch bedingt, kaum durch Erziehung beeinflußbar. Erst *nach* Eliminierung der allergenen Giftstoffe aus dem Stoffwechsel ist es möglich, durch Verhaltenskonditionierung Normalisierung zu bewirken.

Nicht nur Hunden zwingt der Mensch seine unnatürlich-wissenschaftlichen Methoden auf, statt sich von Natur, Erfahrung und Beobachtung leiten zu lassen. Psychisches ist nicht meßbar, deshalb kommt die Erforschung der Zusammenhänge zwischen Ernährung und Psyche auch so schleppend voran. Unsere Wissenschaft beruft sich nur einseitig auf Zahlen; Empirie und Gefühle des Betrachters werden als Nachweismethoden nicht anerkannt.

Auch in der Fohlenaufzucht werden durch zu proteinreiche Fabriknahrung neue Probleme geschaffen wie zu schnelles Wachstum, Gelenkkrankheiten und Darmfehlbesiedlung, seit auch hier immer mehr Fertigfutterpellets verfüttert werden. Durch ihren fortschreitenden Einsatz werden wir auch hier mit zunehmender gefährlicher Impulsivität, überschäumender Energie, Aggression und phasenweise unerklärlicher Unreitbarkeit zu rechnen haben. Das künstliche Aroma »Heu und Kraut« fürs Pferdefutter wird schon in großem Stil vermarktet. (14) Ich bin gespannt, wann man auch hier den Zusammenhang zwischen kunstgrasernährten Pferden und Hyperaktivität erkennen wird.

Kaum hatte ich dies geschrieben, fiel mir ein Reklameprospekt für Beifutter »für Pferde, die der Hafer sticht« in die Hände, welches Kräuter, Zink, Magnesium, B-Vitamine und Tryptophan, ein tierisches Eiweiß, enthält. Tryptophan ist eine wichtige Aminosäure, die inzwischen als eine Art Beruhigungsstoff gehandelt wird, da sie die Vorstufe des Neurohormons Serotonin darstellt, welches Ausgeglichenheit bewirkt. Und auch für Reitpferde gibt es neuerdings Regulatoren für die Darmflora und spezielle Verdauungsenzympräparate.

Auch bei Hühnern kommt es durch Industriefutter und Streß aufgrund nicht artgerechter Massenhaltung zu nervöser Überreizung, Angsthysterie, Aggression gegen Artgenossen und Verdauungskrankheiten. (9) Die Liste ließe sich mit anderen Haustieren fortsetzen. Leider haben wir hierbei meist nur die Möglichkeit der Einwirkung als Verbraucher; über die Fütterung unseres Hundes aber können wir selbst bestimmen.

Wir machen nicht nur Hunde unnatürlicherweise zu Pflanzenfressern, sondern auch Rinder zu Fleischfressern, wenn in ihrem Futter Tierkörpermehle – also tierische Proteine, die sie normalerweise so niemals zu sich nehmen würden – versteckt werden. Die dramatischen Folgen sind auch hier Inaktivitätszonen im Gehirn und Verrücktwerden, was wir inzwischen alle aus den Berichten über BSE aus den Medien kennen. Vielleicht ist BSE ja gar keine Seuche, sondern auch eine Form der Allergie, weshalb man auch bisher keinen herkömmlichen Erreger, sondern nur verdächtige Eiweißstoffe (Prionen) finden konnte. Warum meint der Mensch nur, er könne sich über jegliches Naturgesetz hinwegsetzen und Pflanzenfresser zu Fleischfressern und Fleischfresser zu Pflanzenfressern machen? Und das alles auch noch hübsch wissenschaftlich begründet. Aber wir können uns ja schon denken, was eigentlich dahintersteckt: Die Profitmaximierung der Futtermittelindustrie. Der Umsatz zählt, nicht die Ernährungsphysiologie. Schließlich wird ja keine Reklame für Frischfleisch gemacht, und Hundehalter kennen sich heute mit Futtermarken besser aus als mit den anatomischen Teilen eines Tieres. Hier geht es nicht um Peanuts. Hier geht es um den umkämpften Markt von 17 Milliarden Dollar allein in Europa und in den USA.

Aber wie schwer es ist, der verführerischen Propaganda zu entkommen, erfuhr ich als aufgeklärter Mensch kürzlich selbst mal wieder, als ich dem Konsumdruck nachgab, Cracker für meine Kaninchen zu kaufen. Zu Hause stellte ich zu meinem Erstaunen fest, daß auf der Deklarationsliste Käse angegeben war, also wieder tierisches Eiweiß für einen Pflanzenfresser, das dieser nie freiwillig anrühren würde. Aber im Futterbrei getrockneter Pellets läßt sich ja skrupellos jeder Nahrungsabfall oder Marktüberschuß unterbringen. Was bitte haben Käserinden im Kaninchenfutter zu suchen? Wer liest schon immer das Kleingedruckte? Tun Sie's!

Na, jedenfalls, ehe auch noch meine Stallhasen anfangen zu spinnen, werde ich lieber auf derartige Leckerchen verzichten und wieder ganz im Sinne einer Naturernährung ihnen und mir den großen Gefallen tun, auf der Wiese Löwenzahn zu sammeln.

7

Menschen und Hunde – wesenskrank durch Industrienahrung

Durch Erfahrung hat man herausgefunden, daß die Art der Ernährung bei Mensch und Tier die Gesundheit beeinflußt. Bei gewöhnlichen Vergiftungen z. B. ist uns das völlig klar. Allergien sind eine Art individuelle Vergiftung, auf die nicht jeder reagiert und die den Körper auch nicht gleich umbringt, aber chronisch schwächt, solange der Kontakt anhält.

Nur quantitativ und qualitativ ausgewogene Ernährung erhält Mensch und Haustier gesund. Das haben wir schon immer gewußt, und nicht umsonst gibt es die Redewendung: »Der Mensch ist, was er ißt.« Aber wir können es auch umdrehen, um eine andere Gültigkeit zu beschreiben: Der Mensch ißt, was er ist.

Für den Hund gilt nur der erste Teil, denn er kann nicht mehr wählen, was er vorgesetzt bekommt. Wir Hundehalter sind der Meinung, daß wir durch Fertigfutter, das auf der Basis wissenschaftlicher Erforschung hergestellt wurde, in jedem Fall das Optimale für unseren vierbeinigen Freund ausgewählt haben, etwa so, wie wenn wir unser Kleinkind zu McDonald's mitnehmen. Aber da hat es unser Hund noch besser, denn von einer wissenschaftlichen Erforschung der Auswirkungen von Fast Food auf die Gesundheit unserer Kinder ist mir leider nichts bekannt.

Im allgemeinen sind die verschiedenen Futtersorten in der Tat hergestellt im Hinblick auf größte Ausgewogenheit im

Nahrungsstoffverhältnis und bei der Palatabilität, was Schmackhaftigkeit bedeutet, denn auch das gesündeste Futter nützt uns nichts, wenn unser Hund es nicht fressen will. Aber: Vorsicht Falle!

Die Schmackhaftigkeit, die in der Werbung oft besonders betont wird und die heute unser Futter eher zu wohlschmekkend, aber dafür übersteigert künstlich gemacht hat und zum Überfressen verführt, verbessert nicht den Wert des Futters, genausowenig wie die Herz- oder Kringelform. (6) Früher signalisierte Schmackhaftigkeit dem Körper auch Nährwert. Seit der industriellen Trennung von beidem können sogar fäkale und andere Abfallstoffe noch gewinnbringend als freß- und eßbar vermarktet werden. (14) Durch die technologische Verarbeitung entstandene Reste von unangenehm bitterem oder metallischem Beigeschmack werden einfach durch synthetische angenehme Gegenaromen überdeckt. Aber dadurch eliminiert man selbstverständlich nicht die molekularen Inhaltsstoffe, die normalerweise den Körper vor Vergiftung warnen würden.

Wußten Sie, daß viele Hersteller mit speziellen Lockstoffen Ihren Hund bewußt zum Dauerkunden ihrer Firma programmieren? Inzwischen schrecken skrupellose Produzenten nicht mal mehr davor zurück, sogar Drogen in Süßigkeiten für Kinder zu verstecken, damit sie immer mehr davon kaufen sollen. So geschehen vor einer Schule in Südamerika.

Es gibt inzwischen für verschiedene Lebensphasen vom Welpen bis zum Senior spezielle Sorten, welche dem unterschiedlichen Nährstoffbedarf im wachsenden, laktierenden (säugenden) oder arbeitenden Zustand Rechnung tragen sollen. Auch schnellwachsende Großrassen, die ja im Vergleich zu kleineren Hunden in gleicher Zeit ein Vielfaches an Körpersubstanz aufbauen müssen, finden in angepaßtem Futter Berücksichtigung. (c) Alle Fertigfuttersorten sollten genau nach Anweisung des Herstellers verwendet werden, weil das

Futter auf die jeweiligen Bedürfnisse abgestimmt und die beste Fütterungsform an vielen Versuchshunden ausgetestet wurde, jedenfalls bei den Firmen, die auch Forschung betreiben. Deshalb soll man auch nie verschiedene Fertigfutter miteinander mischen. Es gibt:

- Naßfutter in der Dose (mit fleischähnlichem, höchstem Wassergehalt),
- Halbfeuchtfutter (mittlerer Wassergehalt von 23–40 %)
- und Trockenfutter (niedriger Wassergehalt).

Zwischen Trocken- und Naßfutter sollte auf jeden Fall abgewechselt werden. Hunde, die ihr Leben lang nur Weichfutter bekommen, leiden schon sehr früh – manchmal schon mit zwei Jahren bei den dafür besonders disponierten Zwergrassen – unter Zahnfäule und Zahnausfall, einfach durch Nichtgebrauch ihrer Zähne.

Ich tue meinem Hund keinen Gefallen, wenn ich ihm auch noch die Anstrengung des Kauens abnehmen will, denn nur durch Betätigung bleiben Zähne und Organe gesund. Deshalb, um vorerst bei dem Thema käufliches Futter zu bleiben, sollte knackiges Trockenfutter oder Hundekuchen abwechselnd mit Feuchtfutter, welches fast immer vorgezogen wird, gegeben werden. Es gibt sogar schon Trockenfutter, welches extra zur automatischen Zahnreinigung hergestellt wurde, um Beläge von Zahnhälsen zu entfernen, welche den Beginn des obengenannten Zahnverfalls darstellen. (d)

Bei einseitiger Verfütterung von Trockenfutter wiederum kann es zu Juckreiz, stumpfem Fell, Fettleibigkeit und Nierenproblemen kommen. Wenn wir uns vergegenwärtigen, daß frisches Fleisch 70 – 80 % Wassergehalt hat, und wir uns vorstellen, welche Menge davon wohl in einen Hundemagen paßt, dann ist uns schnell klar, daß bei der größeren Energiedichte eines Trockenfutters der Hund in kürzester Zeit viel mehr Kalorien zu sich nimmt als bei der Aufnahme des gleichen Volumens an Fleisch, welches bei bestimmter Ausdehnung des Magens Sättigungsgefühl bewirkt.

Ein Wolf frißt 2,5 bis maximal 20 kg Fleisch und Nebenstoffe am Tag, danach hungert er tagelang. Bei uns werden Kleinrassen meist kalorisch über-, Großrassen hingegen unterernährt.

Ein Nachteil von Trockenfutter, welches nur 6 – 10 % Wassergehalt hat, ist, daß die Hunde erst Stunden später, wenn wir uns vielleicht gerade auf der Reise, im Auto, in der Stadt oder in ähnlich ungünstiger Umgebung befinden, einen quälenden Durst entwickeln, der sie dann aus Verzweiflung aus schmutzigen Pfützen trinken oder Schnee fressen läßt. Wenn wir das Tier allein zu Hause lassen, führt die spätere übermäßige Flüssigkeitsaufnahme zu Sauberkeitsproblemen, nicht nur durch Wasserlassen. Das trockene Futter, welches in Magen und Darm stark aufquillt, strapaziert auch durch seine Volumenzunahme die Dehnfähigkeit der Verdauungsorgane, was sich leicht an dem aufgetriebenen Bauch einige Stunden nach der Nahrungsaufnahme beobachten läßt. Diese Volumenzunahme bereitet selbst stubenreinen Hunden mitunter plötzlich wahrhaft drängende Probleme.

Bei Hunden, die zu Überfressen oder zu hastigem Fressen neigen, kann es gelegentlich zu Erbrechen von unverdautem Futter in Würstchenform kommen.

Die Ausnutzung eines mit einem hohen Prozentsatz an Getreide versetzten Trockenfutters ist besonders bei Billigfutter so gering, daß wir den Eindruck haben, daß die gleiche Menge, die wir gefüttert haben, hinten wieder herauskommt. Das ist immer ein schlechtes Zeichen, von den Problemen der Verschmutzung von Garten und Straße ganz zu schweigen, und wir sollten beim nächsten Einkauf eine bessere Marke wählen. Grundsätzlich zeigt pastös-voluminöser, heller, gelber Stuhl viel Getreideinhalt, dunkelbrauner, kleinerer, etwas flüssigerer Kot einen größeren Fleischanteil und trockener, fester, weißer zuviel Knochen oder Kalkpulver an. Die Verdaulichkeit von Weizen ist am geringsten, dann folgen Mais und Soja.

Große Kotmengen sind in jedem Fall völlig unphysiologisch. Wir haben uns an diesen Zivilisationsmüll allerdings schon dermaßen gewöhnt, daß wir Hundehalter ihn als normal ansehen.

Besonders deutlich wurde mir dies am Beispiel meiner Deutsch-Drahthaar-Hündin. Sie hatte sich während unserer Abwesenheit unglücklicherweise losgerissen und zwischenzeitlich unseren wohlgenährten Erpel verspeist, den ich erst ein paar Tage vorher für teures Geld gekauft hatte. Sie war offensichtlich übersatt. Einige Flügelteile, Beine und Kopf lagen noch da, und sie hielt Wache neben der mageren, vorher schon verletzten Entendame, der sie keine Feder gekrümmt hatte. Sie können sicher meinen Ärger verstehen, liebe ich doch meine anderen Tiere ebenso wie meine Hunde. Der Hund war natürlich nur seinem angeborenen Instinkt gefolgt, trotzdem war ich sauer. Ich sperrte Cora in ihren Zwinger, warf ihr die Reste ihres Opfers noch hinterher und schaute sie eine Woche nicht mehr an. (Zum Vergleich: Wölfe fressen bis zu 14 Tage nach Schlagen eines Beutetieres nichts. In Zoos bekommen sie einen Fastentag pro Woche bei täglicher Fütterung. Keinem Wolf gelingt es, jeden Tag Beute zu machen.)

Wie erstaunt war ich, als ich nach dieser Zeit den Zwinger reinigen wollte: Da war nichts. Außer einigen wenigen Kothäufchen mit Federresten war das Geflügel fast vollständig verdaut worden – ein Beweis dafür, daß ein natürlich ernährter Hund fast alles resorbieren kann und nur sehr geringe Kotmengen produziert. Was für ein Unterschied zu den Bergen von Hinterlassenschaften eines industrieernährten Hundes! Eigentlich müßten diese gefärbten, aromatisierten »Riesenminen« doch Erstaunen bei uns auslösen! Natürliche Ernährung ist nicht nur ein Beitrag für die Gesundheit unseres Hundes, sondern auch einer gegen Umweltverschmutzung!

Zimen (1) beschreibt die natürliche Verdauung von Wölfen so: Wenige Stunden nach dem Fressen wird wenig dünner, dunkler Kot abgesetzt, der von den Innereien und frischem Muskelfleisch stammt. Erst später wird der Stuhl etwas größer und fester und enthält unverdauliche Teile von Knochen, Haaren oder Federn. Zum Schluß wird er ganz fest und hell, ein Zeichen dafür, daß die Tiere darangegangen sind, von ihren Beutetieren die schwerverdaulichen Reste zu verzehren.

Grundsätzlich ist es sehr nützlich, wenn der Besitzer immer kurz die Hinterlassenschaft seines Hundes begutachtet: Menge, Konsistenz (zu weich, zu hart), Geruch (übel penetrant bei Krankheit, sauer bei zuviel unaufschließbarem Getreide, aromatisch durch künstliche Geschmacksverstärker), eventuelle Parasiten (platte oder runde weiße Stücke), Blut- oder Schleimbeimengungen können nicht nur Aufschluß über die individuelle Ausnutzung und Verträglichkeit des Futters, sondern auch über den momentanen Gesundheitszustand des Verdauungsapparates geben.

Dieses Wissen ist immer auch für den Tierarzt sehr nützlich. Gegebenenfalls kann durch eine kleine Futtermodifikation am folgenden Tag schon eine positive Änderung bewirkt werden, wenn bekannt ist, welches Futter eher stopfend oder abführend wirkt. Möglicherweise kommt auch eine selbstbereitete ausgleichende Diätmahlzeit (siehe Anhang) in Frage. Wird ein Hund in die Tierarztpraxis gebracht, der offensichtlich an Bauchschmerzen leidet, und der Besitzer kann keine Auskunft über Menge und Art der vorangegangenen Mahlzeiten sowie Verdauungsprodukte machen, ist eine gezielte Therapie für Tierarzt und Patient erschwert, denn Verstopfung oder Durchfall erfordern gegensätzliche Behandlungsweisen.

Außerdem gibt es noch die verschiedenen Beifutterarten, die weniger als Hauptmahlzeit, als vielmehr zur Beschäftigung oder Belohnung gedacht sind.

Besonders für große Rassen, aber auch für kleine, nehmen Sie die härtesten und größten Hundekuchen, die Sie finden können! Das bringt lange Beschäftigung, stärkt die Kaumuskeln und säubert die Zähne, ebenso wie Kauknochen, Ochsenziemer oder aus ungegerbtem Naturleder angefertigtes Hundespielzeug.

Nur als Leckerchen bei der Hundeerziehung eignen sich kleine Hundekuchen. Hundedrops und Hundeschokolade, Süßigkeiten oder Gewürztes für den menschlichen Verzehr ist in jedem Falle abzulehnen, weil es dadurch zu Verdauungsstörungen und Allergien kommen kann. Schokolade ist sogar so toxisch für Hunde, daß sie in größerer Menge direkt zum Tode führen kann. (6) Ihre Produktion ist deshalb besonders absurd. Auch bei Hundeeis und Hundechampagner wird nur Wasser zu Geld gemacht.

Ein Hund soll wissen, wann, wo und wie er sein Futter bekommt und daß menschliches Essen nie und nirgendwo für ihn bestimmt ist, da er sich sonst Anspringen, Betteln oder Stehlen angewöhnt.

Ein richtig ernährter, gesunder Hund braucht auch keine Vitamindrops, zumal diese wiederum allergieauslösend sein können.

Kommen wir zurück zum täglichen Hauptfutter unserer Hunde, welches heutzutage in den meisten Fällen aus einer aufgemachten Dose oder einer Portion Trockenfutter besteht. Mit Flüssigkeit angeweichtes Trockenfutter hebt bestimmte Vor- und Nachteile wieder auf (siehe Tabelle I a): Mann kann es (falls vom Hersteller vorgesehen, es steht in der Fütterungsanleitung der Packung) mit lauwarmem Wasser oder Gemüsebrühe, evtl. auch Milch, am besten aber mit fetter Fleischbrühe vermischen und so seinem Strolch eine willkommene Abwechslung bieten. Damit ist die Zahnpflege zwar nicht mehr gegeben, aber den unphysiologischen Quelleffekt, der bei besonders sensiblen Großrassen sogar zu der gefürchteten Magendrehung führen kann, kann ich damit außerhalb des Organismus vorverlegen.

Mir tun immer die Hunde leid, die tagaus, tagein das Gleiche vorgesetzt bekommen. Kein Industriefutter ist so optimal, daß es nicht doch auf Dauer durch Einseitigkeiten Erkrankungen auslösen kann. Bedenken wir, daß unser Industriefutter *immer nur einen Ersatz* für den vielseitigen Speisezettel eines Wolfes darstellt: verschiedene Fleischsorten, viel mehr, als unser bester Schlachter zu bieten hat, je nach Jagdglück mal magere, mal gut genährte Tiere, mal alte, mal junge, samt deren vegetarischer Beilagen und Ballaststoffe.

Bei der veterinärmedizinischen Beratung, die ich in meinem Spezialfutterladen angeboten habe, habe ich oft die Besitzer gefragt, warum sie denn immer das gleiche Futter kaufen: »Würden Sie denn gerne jeden Tag Linsensuppe essen wollen? Wenigstens über einen Teller Erbsensuppe (entsprechend einem anderen Trockenfutter) würden Sie sich doch freuen!«

Es sind in der Hauptsache Bequemlichkeitsgründe und Preisgründe oder einfach Gedankenlosigkeit und andere Interessenprioritäten als das eher lästige Füttern des Hundes. Fast Food für den Hund! Aber selbst wenn das Futter noch so gesund deklariert ist, auch ein Hund möchte Abwechslung haben, so wie Mensch und Wolf im Rhythmus der Jahreszeiten.

»Von anderem Futter bekommt er aber Durchfall«, bekomme ich dann oft zu hören. Ganz abgesehen davon, daß gelegentlich etwas dünnerer Stuhl nichts Krankhaftes darstellt, ist dies eine Frage der Gewöhnung. Auch unter verschiedenen verträglichen Sorten kann man von Tag zu Tag wechseln. Bei einseitiger Fütterungsweise ist die Darmflora des Hundes allerdings ganz auf das gewohnte Futter eingestellt, unter Umständen schon vom Welpenalter an, weshalb völlig andere Nahrung in der Tat eine Darmdysbiose mit Blähungen bewirken kann. Das kann man jedoch durch eine allmähliche Futterumstellung vermeiden.

Außerdem ist ein auf einseitige Ernährung fixierter Hund der Schrecken jedes diätetisch arbeitenden Tierarztes. Sehr viele Krankheiten – einschließlich allergisch bedingter Fälle von Schwererziehbarkeit, welche normalerweise nicht zu den Krankheiten gerechnet werden und von denen daher hauptsächlich in diesem Buch die Rede sein soll – sind therapierbar durch Diäten. Diese Erkrankungen lassen sich auf natürliche Weise heilen oder lindern, ohne den Stoffwechsel zusätzlich zu belasten, und eine Futterumstellung spart eine Menge sonst nötiger teurer und nebenwirkungsreicher Pharmaka, denn füttern müssen wir unseren Hund ja sowieso.

Dosenfutter kommt mit etwa 70 % Feuchtigkeit dem natürlichen Wassergehalt des Fleisches am nächsten, ist aber zur Dauerernährung nur in Abwechslung mit hartem Beifutter geeignet, das zum Kauen anregt.

Durch Beigabe wasserbindender Zusätze kann der Wassergehalt von Dosenfutter sogar über der Feuchte von natürlichem Fleisch liegen, was selbstverständlich nur noch den Preis, aber nicht mehr den Nährwert erhöht. Hunde und vor allem Katzen, die ihr Leben lang nur eine Sorte Futter (sei es nur ein und dieselbe Marke oder sei es immer die gleiche Konsistenz, nur Dose oder nur trocken) bekommen haben, lehnen diätetisches Futter oftmals als unbekannt ab, und das gerade im vielleicht kritischen Krankheitsfall. Das spricht aber grundsätzlich nicht gegen die Diät. Es kann heikel werden, wenn es um eine lebensbedrohliche Krankheit wie Diabetes, Harnstein oder allgemein um Rekonvaleszenz geht und das Tier kein Diätfutter annimmt. Dabei könnte so manche Operation durch rechtzeitige Futteränderung vermieden werden.

Vor dem Hintergrund der Erfahrungen in meiner Praxis möchte ich Ihnen deshalb ans Herz legen, Ihren Welpen schon von klein auf an die verschiedensten, für ihn verträglichen Futtersorten zu gewöhnen, damit im Krankheitsfall nicht auch noch durch Futterverweigerung zusätzliche Probleme entstehen. Letzteres kann schon durch das übliche Klinikfutter bei Internierung eintreten.

Verträglichkeit ist ein sehr individuelles Problem und wechselt von Fall zu Fall. Besonders Großrassen können oftmals sehr empfindlich mit Durchfall reagieren. Ja, es soll Hunde geben, die inzwischen schon kein normales Stück Fleisch mehr vertragen! Erinnert uns das nicht irgendwie an die vielen neurodermitischen Babys, die inzwischen schon auf die eigene Muttermilch allergisch reagieren?

Dackel, Pudel oder Terrier sind dagegen manchmal die reinsten wandelnden Müllschlucker, die keinem Dreck auf der Straße widerstehen können und nicht mal Bauchweh davon bekommen.

Verträglichkeit ist nicht so leicht und direkt festzustellen. Wenn mein Hund ein glänzendes Fell, ein weißes Gebiß und eine normale Verdauung hat, gesund erscheint und ansprechbar und erziehbar ist, dann kann ich normalerweise davon ausgehen, daß ihm auch sein Futter bekommt.

Unverträglichkeit kann sich als erstes durch Erbrechen bemerkbar machen, was beim Hund aber ganz physiologisch auch durch Überfressen oder zur Fütterung der Welpen geschieht und deshalb kein Grund zur Sorge sein muß. Andauerndes Erbrechen, vor allem von galligem Schleim, ist dagegen nie harmlos.

Unverträglichkeit kann sich zweitens spontan zuerst durch vermehrtes Aufstoßen, dann durch Blähungen und letztlich durch dünnen Stuhl bemerkbar machen. Diese Zeichen sind nicht unbedingt als krankhaft anzusehen, doch können sie Unbekömmlichkeit des Futters anzeigen. Übermäßige Blähungen sind unphysiologische Gasansammlungen im Darm, die auf vermehrte innere Gärung oder Fäulnis schließen lassen, ausgelöst durch individuelle, eventuell allergische Reaktionen auf Soja oder Weizen. (8) Häufiges Aufstoßen deutet auf Übersäuerung und Schwerverdaulichkeit durch zu langen Verbleib von Futterbestandteilen im Magen hin. (17)

Chronische oder auch anfallsweise Durchfälle, manchmal abwechselnd mit Verstopfung, sind dagegen in jedem Falle krankhaft. Parasiten lassen sich schnell durch eine Laboruntersuchung des Stuhls und eine eventuelle anschließende Wurmkur ausschließen. Zusätzliche Allgemeinstörungen (Apathie, Appetitlosigkeit u. a.) zeigen uns auch so, daß etwas nicht stimmt, und sollten vom Tierarzt abgeklärt werden.

Im Fall spontan auftretenden dünnen, übelriechenden Stuhls kann es sich um eine Allergie vom Soforttyp handeln. Es gibt Nahrungsmittel wie Fisch, Käse oder Schokolade, die eine hohe Eigenkonzentration des Gewebehormons Histamin enthalten, welches sonst bei einer Allergie erst sekundär ausgeschüttet wird. Es wirkt auf die Durchblutung in Darmschleimhaut und Nervensystem und kann so eine spontane Reaktion auslösen. Durch vorgeschädigte Darmschleimhaut und/oder überlastete Bauchspeicheldrüse kommt es zu mangelnder Enzymleistung, unvollständiger Verdauung und gesteigerter Durchlässigkeit der Darmwand. Größere, unaufgespaltene Eiweißmoleküle passieren, der Körper stuft diese als ungewöhnlich ein und versucht, sie durch eine chemische Bindung in Form einer spezifischen Abwehr zu neutralisieren.

Dies passiert beim Hund besonders bei großen Mengen pflanzlicher Eiweiße, die als Extrakte von der Industrie chemisch vollständig umstrukturiert (= denaturalisiert) werden. Diese Futterkomponenten können dann eine lokale Antigen-Antikörper-Reaktion auslösen, welche selbst wieder zu Schleimhautveränderungen und Histaminausschüttung führt. Histamin wiederum regt die Peristaltik für schnellere Darmpassage an, so daß die Stoffe, die der Körper als Gifte empfindet, schneller ausgeschieden werden. Eine durchaus sinnvolle natürliche Selbstregulation des Körpers! Daher können in solchen Fällen Medikamente, die nur die Darmmotorik verlangsamen, die Beschwerden nur scheinbar und vorübergehend heilen, setzen aber den Körper noch länger dem krankmachenden Agens aus, das er ja aus gutem Grund so schnell wie möglich loswerden möchte.

Bei fortgesetzter Verfütterung des allergieauslösenden Stoffes kann der Durchfall durchaus zeitweilig völlig verschwinden, durch Gewöhnung des Körpers (sogenannte maskierte Allergie). Die auslösende Substanz bricht sich aber in Streßphasen immer wieder Bahn, und die Folgen können dann gar nicht mehr mit der Nahrungsaufnahme in Verbindung gebracht werden, sondern betreffen vielmehr neue Zielorgane wie Haut oder Gehirn, da die angegriffene Schleimhaut Nahrungsstoffe in anderer molekularer Struktur passieren läßt.

Dies wird noch verstärkt durch Antibiotikabehandlungen, falsche Ernährung oder plötzliche starke Futterumstellungen. Diese Einflüsse können jeweils für sich allein schon Dysbiosen hervorrufen. Das sind Störungen der natürlichen, ausgeglichenen Darmflora durch Überwachsen pathogener Keime. Diese bewirken wiederum eine Schädigung der Darmschleimhaut, welche dadurch durchlässiger für die Allergene wird, d.h. für die individuellen Giftstoffe in Richtung Blutbahn, womit sie in den ganzen Körper gelangen.

Bis heute ist wissenschaftlich noch nicht geklärt, ob Darmdysbiosen Allergien verursachen oder ob letztere erst durch Allergien hervorgerufen werden. Allerdings steht fest, daß es sich sowohl beim Immunsystem als auch bei der Darmflora um ein hochsensibles Wechselspiel gegenseitiger Beeinflussungen handelt, welches zudem noch in die Regelkreise anderer Organe wie der Bauchspeicheldrüse und in das Hormonsystem eingreift.

Ein besonders sensibles Reaktionsorgan bei Allergien ist die Haut, die als äußere Abgrenzungs- und Kontaktfläche die besondere Aufgabe des Austauschs mit der Außenwelt hat. Direkte allgemeine Reaktionen können hier beim Hund von außen durch Flohspeichel, Kontakt mit unverträglichen Materialien der Liegestatt oder des Teppichbodens sowie Chemikalien (z. B. Flohhalsbänder) verursacht werden und lösen hier allgemeinen oder lokal begrenzten Haarausfall, Rötungen und Juckreiz aus.

Meist finden wir diese Veränderungen aber bei Hunden mit Gehirnallergien allenfalls gelegentlich. Hautveränderungen, meist über den ganzen Körper verteilt, können jedoch auch entstehen, wenn der allergene Stoff von innen durch das Futter über das Blut kommt. Obwohl die Allergene über Darm und Blut in die Haut gekommen sind, müssen sie nicht, können aber gleichzeitig Darmsymptome hervorrufen. Hyperaktive Hunde können auch allergisch hautkrank sein, was aber nicht zwangsläufig miteinander verbunden ist, und atopisches Ekzem kann, muß aber nicht mit Gehirnallergie verbunden sein.

Allergien, die sich in krankhaften Zuständen des Darms oder der Haut – bei Hunden übrigens selten als Reizungen der Luftwege wie beim Asthma des Menschen – äußern, werden üblicherweise mit Medikamenten gegen die Symptome behandelt, die aber die Krankheit nicht heilen: Kortisonsalben gegen Juckreiz bei einzelnen Stellen, Tabletten bei generalisierten Symptomen. Sie helfen oft gar nicht oder nur so lange, wie die Wirkung des Medikaments anhält, und zwar auf immunosuppressive Weise, d. h. sie unterdrücken die Abwehr. Das Wesen der Allergie ist ja eine Überreaktion des Körpers gegen Stoffe, die von anderen ohne Krankheitsfolgen vertragen werden. Durch diese Unterdrückung der allgemeinen Gegenwehr des Körpers ist klar, daß viele Nebenwirkungen heraufbeschworen werden.

Wenig bis gar nicht bekannt ist, daß auch das Gehirn zu den Zielorganen einer Allergie, insbesondere einer durch Futter ausgelösten, gehören kann. Gehirnfunktionen bringen Psyche und Verhalten hervor, weshalb es logisch erscheint, daß auch die Erziehungsfähigkeit hiervon betroffen ist. Erziehungsfähigkeit beruht auf Lernfähigkeit und diese wiederum auf Erinnerungsvermögen an angenehme und unangenehme Erlebnisse und Assoziationen in der Vergangenheit. Ist aber die Gedächtnisleistung, wie bei hyperaktiven Kindern nachgewiesen, durch mangelhaft durchblutete, inaktive Gehirnzonen und durch einen gestörten Glukosestoffwechsel herabgesetzt, so ist auch die Lern- und Erziehungsfähigkeit vermindert. Hunde wie Kinder machen dann einen »Alles-egal-Eindruck«.

Entsprechende Hunde erinnern sich deshalb weder an Lob oder Streicheleinheiten noch an Strafen oder Schmerzen, weshalb all dies auch keine Änderung ihres spontan-impulsiven Draufgängertums bewirkt, zumal zusätzlich auch die sensible Rückmeldung des Körpers über Schmerz, eine volle Blase oder Erschöpfung gestört ist. Deshalb sind sie, wie auch die entsprechenden Kinder, besonders furchtlos, Angst kennen sie kaum. Und hier wie dort sind deshalb auch Festhalte-Therapie bzw. T-Touch-Methode allenfalls als Zusatztherapie gegen Hyperaktivität wirksam.

Auch weiß man von Hunden, daß Naturfutter durch das Fehlen von Kohlenhydraten den Blutzucker günstig beeinflußt und daß ein Zusammenhang zwischen niedrigem Blutzuckerspiegel (z. B. bei Hunger oder reaktivem Insulinmangel nach kohlenhydratreicher Kost) und Aggression besteht. Es gibt auch einen Zusammenhang zwischen andauernd zuviel gefütterten Kohlenhydraten und Diabetes als zivilisationsbedingter Folgekrankheit.

Futterallergene sind im Verdauungsprozeß ungenügend zerlegte und deshalb unphysiologisch große Eiweißmoleküle aus

Industrienahrung. Durch Veränderung der Durchlässigkeit der Darm-Blut-Schranke und der Blut-Hirn-Schranke gelangen sie ins Gehirn, wo sie eine Ansammlung von Nervenübertragungsstoffen bewirken, was zu allgemeiner Übererregung führt, die wir als motorische Hyperaktivität wahrnehmen. Reaktionen können bereits zwei Stunden nach Futteraufnahme zu beobachten sein.

Was sind Allergene? Allergene sind fast immer Eiweißstoffe. Sie rufen eine Gegenwehr des Körpers hervor, die mit vermehrter Hormonausschüttung und/oder Antikörperreaktion einhergeht. Antikörper docken wie ein Schlüssel an ein bestimmtes Schloß an und machen so die Antigene (d. h. die als körperfremd erkannten Stoffe) unwirksam. Wir kennen diese Reaktion von Impfungen, bei denen wir abgeschwächte Krankheitskeime in den Körper bringen, auf die das Immunsystem zwar noch mit Abwehr durch Antikörper und Gedächtniszellen reagiert, die aber keine äußeren Symptome mehr hervorrufen. Hier haben wir eine *erwünschte* Reaktion des Immunsystems, welches über ein Erinnerungsvermögen verfügt und im Falle eines erneuten Kontakts in der Lage ist, Erreger sofort zu blockieren, ohne krank zu machen.

Unerwünscht, weil krankmachend, ist aber die Antigen-Antikörper-Reaktion bei Allergien, weil sie überschießt, d. h. die Reaktion erfolgt zu empfindlich und auf Stoffe, die andere Individuen mühelos vertragen. Ja, wir haben es ja heute zunehmend sogar schon mit Abwehrkrankheiten zu tun, die sich gegen den eigenen Körper richten, die sogenannten Autoimmunkrankheiten, bei denen der Körper nicht mehr zweifelsfrei zwischen körpereigenem und fremdem Eiweiß unterscheiden kann.

Was sind das für Stoffe, auf die der Körper übermäßig empfindlich reagieren kann? Es sind in der Hauptsache Eiweißstoffe, die sich in Industriefutter befinden. Der Körper hat ja, wenn die Außenwelt in Form von Futter, Wasser, Schmutzstoffen und Atemluft durch ihn hindurchwandert, die komplizierte Aufgabe zu bewältigen, Fremdstoffe zu körpereigenen Stoffen umzubauen – daher das Wort »Stoff-wechsel«. Das heißt, er muß bei jeder Stufe dieses Umbaus genau zwischen »körpereigen« und »körperfremd« unterscheiden können. Deshalb wird ja auch ein transplantiertes Organ abgestoßen.

Ist dieser hochkomplizierte Umbauprozeß an irgendeiner Stelle gestört, kommt es zu den sogenannten Immunkrankheiten, wozu auch die Allergien gehören. Auch hier verfügt das Immunsystem leider über ein Gedächtnis, welches im Wiederholungsfalle des Kontakts eine sofortige Reaktion hervorruft, die beim Erstkontakt noch nicht erfolgt war (= Sensibilisierung).

Man nimmt an, daß in früheren Zeiten Allergien noch kaum eine Rolle spielten. Dafür, daß Mensch und Tier heutzutage viel anfälliger für Allergien sind, lassen sich folgende Gründe nennen:

1. Früher gab es weniger Schadstoffe in Form künstlich-chemischer Verbindungen in Umwelt, Wasser und Atemluft, mit denen der Körper sich auseinandersetzen mußte. Denken wir nur an unsere dackelbeinigen Großstadthunde, die ihre Nase direkt in Höhe der Auspuffabgase haben. Haushaltssprays, Zigarettenrauch und unendlich viele andere Desinfektions-, Duft- und Schadstoffe in Haushalt und Industrie kommen hinzu.
2. Die Nahrung stammte früher aus der Natur und unterlag nur saisonbedingten Änderungen. Es gab keine künstlichen Farb-, Aroma- und Konservierungsstoffe oder andere Hilfsmittel, wie sie heute in der Ernährungstechnologie zugelassen sind (siehe Tabelle I b). Zehntausende Stoffe werden hier verwendet, und alle muß der Organismus erkennen

können. Nicht einmal Labors können das. Dazu kommen Spuren von Hormonen, Pestiziden, Wuchsstoffen, Antibiotika und Beruhigungsmitteln im verarbeiteten und dadurch wieder minderwertigeren Fleisch, das von Tieren stammt, die ebenfalls mit Kunstfutter in steriler, sonnenleerer, frischluftloser Massentierhaltung zur Schnellmast getrieben wurden. Fleisch ungesunder Tiere kann auf Dauer keine gesunde Nahrung sein; die Frage ist, ob es nicht sogar inzwischen schädlich ist. Beim Menschen jedenfalls sind Allergien gegen Antibiotika in Fleisch und Milch erwiesen, sicher gibt es sie auch beim Hund. Noch komplizierter wird es bei einer Allergie gegen Fisch, ausgelöst durch Eier, die von Hühnern gelegt wurden, in deren Fertigfutter Fischabfälle verarbeitet wurden. Wenn wir uns klarmachen, in welch drastischer Form geringste Mengen homöopathischer Arzneimittel auf den Organismus wirken können, dann verstehen wir, daß ebenso Spuren obengenannter Stoffe, die zudem noch über ein ganzes Leben kontinuierlich aufgenommen werden und untereinander chemisch reagieren können, auf Körper und Psyche wirken. Künstliche Geschmacksstoffe bewegen sich in der Menge von milliardstel Gramm pro Liter. (14) Sie unterliegen so gut wie keiner gesetzlichen Prüfung oder Überwachung.

3. Wir verwenden heute viel mehr Medikamente als früher, z. B. Impfstoffe, mit denen schon jüngste Tiere mit noch nicht ausgereiftem Immunsystem konfrontiert werden, und viel zu viele Antibiotika, die sich sehr negativ auf das Darmgleichgewicht auswirken, weshalb ich in meiner Praxis nach jeder dieser Therapien stets Darmbakterien in Kapselform verordne, um die gestörte Flora wieder aufzubauen und negative Folgewirkungen zu vermeiden.
4. Wir wissen, daß unsere landwirtschaftlichen Böden inzwischen durch Vielfacherträge und Überdüngung ausgelaugt sind. Diese produzieren wiederum Pflanzen mit weniger

Wertstoffen (Vitaminen, Mineralien und Spurenelementen), aber mehr Giftstoffen (Schwermetallen, Insektiziden usw.), mit denen andererseits wieder unsere Kälber, Hühnchen und Turbokühe gefüttert werden, aus denen buchstäblich bis zum letzten Atemzug das Äußerste an wirtschaftlicher Leistung herausgeholt wird, deren Fleisch dann aber wieder voll ist von Streßhormonen, Umweltgiften und Medikamenten. Die Fleischteile, die der Mensch als die besten auswählt, verwertet er für sich selbst, der Rest bleibt für die Hundefutterindustrie.

5. Dazu kommt Streß durch Lärm, Gerüche, Strahlung und dadurch, daß fast jeder natürliche Instinkt eines Hundes in der modernen Großstadt heute unbefriedigt bleibt: Ausdauerlaufen, Buddeln, Jagen, Spurensuche, Nagen, sozialer Kontakt zu Artgenossen, sexuelle Betätigung und Fortpflanzung. Streß erniedrigt aber die Allergietoleranz. Zusammen mit der täglichen Vergewaltigung durch unnatürliche Ernährung bedeutet dieser vielfältige Streß eine heimtückische, permanente Grausamkeit in der modernen Tierhaltung, der unzählige bauchschmerzgeplagte, verdauungskranke, aggressive und übernervöse Hunde zum Opfer fallen, samt ihren überforderten Besitzern. Arzneimittel und Apparatemedizin sind an die Stelle von natürlicher Lebensweise des Tieres und praktischer Vernunft sowie Erfahrungswissen des Tierhalters getreten.

Glauben Sie jetzt immer noch, Ihr Fertigfutter sei so gut wie ein Stück Fleisch von einem Tier aus freier Natur? Aber wo gibt es die heute noch, die unberührte Natur? Nirgendwo mehr auf der Welt, denn durch Verschmutzung der Ozeane und Radioaktivität tragen wir menschliche Veränderungen auch in den letzten Winkel unserer Erde.

Wie Sie bereits wissen, sind die angeblichen Fleischkroketten im Fertigfutter nur Getreidebällchen, die mit gefärbtem

Fleischaroma besprüht sind. Und wußten Sie, daß Fleischstücke in ihrer Hundefutterdose nur so faserig aussehen wie Fleisch, aber in Wirklichkeit zur Hauptsache aus (wahrscheinlich genmanipulierten) Sojabohnen gefertigt sind? Daß Schweinefleischaroma problemlos aus Erdnußresten und Weizenkleber unter Zusatz von Salzsäure und Natronlauge hergestellt wird? Daß sich das Kunst-Huhn-Aroma allein aus hunderten chemischer Stoffe zusammensetzt? (14) Nichts gegen die Resteverwertung wertvoller tierischer Proteine für die Heimtierernährung, aber wußten Sie, daß das im Hundefutter verwendete getrocknete Fleisch ein Abfallprodukt der Seifenindustrie ist? Die dafür benötigten Fette werden aus den Tierkörpern mit starken Lösungsmitteln entfernt, die sich nachher in den Fleischmehlen wiederfinden. Und damit komme ich zum wichtigsten Grund für die Zunahme von Allergien:

6. Die Nahrung unserer Hunde wurde im Laufe der letzten Jahrzehnte stark verfälscht, d. h. mit neuen Fremd- und Giftstoffen angereichert, indem alle teuren Naturprodukte in High-Tech-Methode durch billige Industriestoffe ersetzt wurden. Gleichzeitig gingen aber Wertstoffe verloren, denn bei chemischen Prozessen und beim Erhitzen werden Vitamine und Enzyme zerstört. Niemand, kein Mensch und kein Tier, der tote, d. h. ewig haltbare Materie zu sich nimmt, kann auf Dauer gesund bleiben. Nicht umsonst sollte ein Lebensmittel ein lebendes Mittel zum Leben sein, aber auch eins, das durch natürliche enzymatische und bakterielle Zersetzung (z. B. Verwesung, Sauerwerden, Gärung) noch normal sterben kann, denn »lebendig« definiert sich nur durch den Gegensatz zu »tot«. Es ist deshalb nicht verwunderlich, daß der lebende Organismus in Form von Allergien – in Auseinandersetzung mit nicht-lebender, aber auch nicht-sterbender Materie – gegen die Schlüsselsubstanz des Lebens ankämpft, nämlich Eiweißstoffe.

7. Gleichzeitig wurde der Hund gegen seinen Willen ganz allmählich zum potentiellen Pflanzen- bzw. Getreidefresser umerzogen, was aber eigentlich seinem Stoffwechsel und der Anatomie seines Verdauungstraktes nicht entspricht.

Durch dieses gesamte, kontinuierliche Umweltbombardement kommt es zur Überlastung des Abwehrsystems durch inneren Dauerstreß, zu dem noch äußerer Streß durch nicht artgerechte Sinnesüberreizung (chemische Gerüche, Verkehrslärm usw.) hinzukommt. Das Abwehrsystem wird krank durch Veränderung der Durchlässigkeit der als fremd erkannten Stoffe in den sonst dafür undurchlässigen Einlaßschranken des Körpers wie Haut, Schleimhaut, Darm-Blut- und Blut-Hirn-Schranke. Das Erkennungssystem für Fremdstoffe wird überstrapaziert, bricht partiell zusammen und kann seine eigentliche Aufgabe der Differenzierung nicht mehr sinnvoll wahrnehmen.

Durch Technologie kann man nicht nur Fleisch herstellen, das nur so aussieht, aber keins mehr ist, sondern wir wissen alle, daß wir inzwischen auch in der Lage sind, in die kleinsten molekularen Strukturen einzugreifen. Die Sache ist wissenschaftlich noch in der Erforschung, aber man nimmt an, daß ein empfindlicher Organismus auf veränderte Molekularstrukturen wie sie z. B. in industriell aufbereiteter Milch vorkommen, wie oben beschrieben verändert reagieren kann. Im Fertigfutter nimmt der Hund ja kein einziges Molekül mehr in natürlicher Form zu sich:

1. Das Fleisch ist extrahiert, d. h. nur noch in Auszügen vorhanden, etwa vergleichbar mit Maggi oder gekörnter Fleischbrühe, welche ja auch nur noch etwas im Geruch an ihr Original erinnert und mit Glutamat als Geschmacksverstärker angereichert ist. Der Futterbrei wird extrudiert, d. h. unter Zusatz von Heißdampf gewalzt, durch Lochscheiben gepreßt und zu Formen gebacken. In dem fertigen Produkt

finden wir auch unter dem Mikroskop keine einzige Fleischfaser mehr, denn das Fleisch wurde bis in seine kleinsten histologischen Bestandteile zerstört, künstlich vorverdaut oder feinst vermahlen und hoch erhitzt. Als tierische Proteinquellen dienen Drüsenmehl, Mehl aus Geflügelinnereien, Fleischnebenprodukten oder Fischabfällen, Geflügelnebenprodukte aus Knochen, Köpfen, Füßen oder Hühnerfedern, Pulver aus Trockenei (auch von halbentwikkelten Bruteiern), Trockenkäse, Milch oder Molke.

2. Getreidesorten oder Überschüsse von Müllereien werden mehr oder weniger fein gemahlen, hoch erhitzt und sind zudem nicht als Vollkorn vorhanden, welches noch alle Mineralien enthält, sondern nur als erhitzte Mehlabfallprodukte. Getreide hat für Hunde einen unphysiologischen Säure- und Phosphorüberschuß, und besonders Weißmehl ist völlig vitamin- und wertlos. Als Kohlenhydratquelle werden auch Zellulosepulver, gewöhnlicher Zucker, Maissirup, gemahlene Erdnußhülsen, Kornspelzen, Tomaten- und Rübenfasern oder Luzernengrünmehl verwendet, die alle als billiger Füllstoff schnell Futtermenge und Sättigungseffekt vergrößern und eben auch die Kotmenge. (17)

   Flocken sind nur noch Reste des erhitzten, nicht mehr vollwertigen Korns, egal welcher Getreideart. Nudeln sind nochmals erhitzt und in Form gepreßt und das Unsinnigste, was ich mir überhaupt in der Hundeernährung vorstellen kann. Jede Erhitzung vermindert den Wertstoffanteil und verändert die innere Chemie solcher »Lebensmittel«. In der Natur gibt es nichts Gekochtes, und alle Enzyme und Heilstoffe bleiben so voll erhalten. Wir wissen, daß es letztere gibt, und ständig werden neue entdeckt, aber sie sind noch viel zu wenig erforscht. (Schleimstoffe, Quellstoffe, antibiotische Stoffe, Antikrebsstoffe, Gerbstoffe usw.)

3. Getrocknete Gemüseflocken sind für Hunde kaum aufschließbar, als natürliches Gemüse jedoch nicht schädlich,

im Gegensatz zu rot und grün gefärbten Flocken, die nur aussehen wie Gemüse, in Wirklichkeit aber aus Getreide bestehen. Häufig wird zwar das wertvollere Sojabohnenmehl (oder Sojabohnenschrot) verwendet, dann aber als Fleischersatz.

4. Von zugesetzten künstlichen Farb- und Aromastoffen sprach ich schon. Meist kommen im Trockenfutter noch Konservierungsstoffe gegen Verderbnis hinzu, ganz zu schweigen von den vielen technischen Hilfsstoffen wie Trennmitteln, Lösungsmitteln, Emulgatoren usw. (Siehe Tabelle I b.)

Zusammengefaßt heißt das, daß wir im Laufe der Zeit in der Hundeernährung einen *Mangel* an Vitalstoffen (lebenden Enzymen, bestimmten Mineralien, besonders Zink, u. a.) und tierischen Eiweißstoffen (besonders Tryptophan) *und gleichzeitig einen Überschuß* an Kalorien und Giftstoffen zu beklagen haben. (Siehe Tabelle I b.)

Oft hört man neuerdings von der Gefahr von Langzeitschäden durch zu hohe Proteinwerte. Das ist so nicht ganz richtig. Nur die vielen an die *pflanzlichen* Kohlenhydratträger gebundenen Eiweiße sind für den Hund schädlich. *Tierisches,* an Wasser gebundenes Eiweiß im Frischfleisch hingegen verträgt er in fast unbegrenzter Menge. Deshalb ist es auch unsinnig, bei Allergien vegetarische Produkte von zum Teil lediglich 5 % Eiweiß zu empfehlen, denn dadurch wird eine Unterversorgung an tierischem Eiweiß noch mehr provoziert. Zum Vergleich: Trockenpansen, ein gutes, natürliches Produkt, enthält 80 % tierisches Protein, Trockenfutter mit dem höchsten Gehalt 25 %, pflanzliche Eiweißstoffe eingerechnet.

Wir wissen, daß Fleisch eine Eiweißnahrung ist. Wollen wir uns jetzt schlau machen, wieviel Eiweiß denn der Hund mit seinem Fertigfutter zu sich nimmt, brauchen wir ja nur auf die

Inhaltsangabe der Packung zu schauen, denken wir. Ja, dort steht die Analyse: Zwischen 15 und 25 Prozent werden Je nach Trockenfutter angegeben. Doch leider wird dort nicht zwischen pflanzlichem und tierischem Protein unterschieden, was ja für die Aminosäureversorgung eines Fleischfressers von entscheidender Wichtigkeit wäre, insbesondere mit essentiellen, d. h. lebenswichtigen Aminosäuren.

Eine besondere Bedeutung in unserem Zusammenhang kommt der essentiellen Aminosäure Tryptophan zu, welche als Baustein des Nervenhormons Serotonin Auswirkungen auf Gehirnfunktion, Aktivität, Wachsamkeit und das Reaktionsvermögen bei Hunden hat. (6) Sie ist in bedeutend größerer Menge in tierischen als in pflanzlichen Proteinen enthalten (17) und wird neuerdings in biologische Beruhigungsmittel für Hunde eingebaut.

Leider sind die Analysemethoden der einzelnen Firmen auch nicht standardisiert, so daß die verschiedenen Hundefuttersorten für einen Laien trotz der Packungsdeklarationen überhaupt nicht vergleichbar sind. (6) Die Etiketten entsprechen nicht dem tatsächlichen Nährstoffgehalt, sagen nichts über die Verdaulichkeit aus und sind deshalb irreführend. Sie verstekken mehr, als sie preisgeben. Die Reihenfolge soll Gewichtsanteile in absteigender Menge suggerieren. In Wirklichkeit aber ist der größte Teil Getreide, und nur eine geringer Prozentsatz besteht aus chemischen Bruchstücken von Fleisch. Beispielsweise enthält ein Futter, das sich »Geflügel mit Vollkornreis« (e) nennt, zwar laut Etikett 61 % Fleisch, aber nur 20 % davon sind Geflügel; der Rest bleibt im dunkeln, weshalb sich solches Futter trotz Anpreisung wegen unbekannter Inhaltsstoffe nicht für allergiegeplagte Hunde eignet. Das Vorhandensein von Nährstoffen bedeutet zudem nicht, wie wir am Beispiel der pflanzlichen Eiweiße für den Hund gesehen haben, daß diese überhaupt physiologisch resorbier- und nutzbar sind. Selbst chemisch aufgeschlossener Abfall aus Federn geht in den Proteinlevel ein, deklariert als Geflügelnebenprodukt. (3)

Dasselbe gilt auch für die Verdaulichkeit von Fetten. Das kann schwer verdaulicher Rindertalg oder Pflanzenfett sein oder eben leicht verdauliches Hühnerfett. Doch häufig geben die Deklarationen darüber keine Auskunft.

Vitamine sind dem Futter nur vorsorglich zugesetzt, weil die Verminderung durch Herstellung und Lagerung bekannt ist. Auch ihre Menge sagt nichts über ihre Verwertbarkeit aus.

Der Zusatz »naturrein« ist ebenfalls eher ein modischer Verkaufstrick und besagt nichts, denn allein schon der zu hohe Getreideanteil und die unnatürliche Erhitzung reichen aus, um sensible Hunde krank werden zu lassen, auch wenn keine künstlichen Konservierungsstoffe enthalten sind. Sinnvoll ist jedoch Getreide auf Vollkornbasis. Auch die Bezeichnung »natürlich« ist irreführend (14), und der Ausdruck »naturidentisch« besagt bei einem industriell gefertigten Zusatzstoff nur, daß die gleiche Verbindung irgendwo in der Natur in völlig anderem Zusammenhang ebenfalls vorhanden ist. Bei »Aromen« ist immer etwas faul, denn hier sollen (quantitativ oder qualitativ) Inhaltsstoffe sinnlich vorgetäuscht werden, die auf jeden Fall *nicht* vorhanden sind.

Ganz und gar unnatürlich ist, als logische Folge meiner Ausführungen, vegetarisches Hundefutter, welches es bereits fertig im Handel gibt. Hier erübrigen sich weitere Erläuterungen.

Die meist mangelnde Qualität des Hundefutters, das häufig aus nährstoffarmen Grundstoffen hergestellt wird – z. B. Getreideabfällen und ein bißchen Extrakt vom Fleisch ausgelaugter, knöcherner Legehennen –, wird durch Reklame und Aufmachung psychologisch aufpoliert. Nur so kann billigster Inhalt zu Geld gemacht werden. Also, kaufen Sie nur, was Sie sehen!

Streß führt sehr schnell, wie wir alle von uns selber wissen zur Veränderung der Peristaltik und Darmflora, nicht nur beim Menschen. Auch Hunde haben »Angstschiß«. In der heutigen Umwelt gibt es sehr viele Streßfaktoren für sie, wenn sie nicht gerade zufällig das Glück haben, auf einem Bauernhof aufzuwachsen. Sie haben sich als Kulturfolger der menschlichen Lebensweise inzwischen so sehr angepaßt, daß sie von manchen Zweibeinern schon fast selbst wie ein Mensch behandelt werden. Trotz aller Liebe ist aber die menschliche Lebensweise nicht eine natürlich hundgemäße, was eine ständige Anpassung von Körper und Psyche eines Hundes z. B. auf Geräusche wie Fernsehen, Düsenflieger, Maschinen, Radio usw. erfordert. (Der Hund hat ja ein wesentlich feineres Gehör als wir!) Wie schlimm muß es erst für einen Hund sein, wenn wir Menschen uns schon durch »akustische Umweltverschmutzung« belästigt fühlen! Der Unterschied akustischer Signalreize in einem Wald, verglichen mit denen einer Großstadt, leuchtet jedem ein.

Der Hund hat einen dreißigfach besseren Geruchssinn als wir und muß daher auch ein Vielfaches an Streß durch Industrieabgase, Sprays, Farbdämpfe usw. aushalten. Daß sich seine Sinnesorgane in Jahrhunderten noch kaum geändert haben, erkennen wir an der Beibehaltung des Stammbaumlesens, des Auffindens kleinster Brotkrumen und bei den Spürhunden. Er nimmt folglich noch Streß wahr, wo er uns gar nicht bewußt ist.

Das Natürlichste für unseren Hund ist und bleibt die Jagd oder als Ersatz auch das Umherstreifen in Wald und Flur mit seinem Herrn, gegebenenfalls auch das Begleiten von Gruppen; das können Menschen, Kutschen (Dalmatiner), Pferde oder Herdentiere sein.

Jeder verwilderte Hund kehrt automatisch wieder zu dieser Lebensweise zurück, bevorzugt aber Artgenossen in seinem Rudel. Deshalb tut man seinem Liebling mit einem Zweithund einen großen Gefallen zum Ausgleich seines Herden-, Bewegungs- und Spieltriebs. Kann er diese Triebe nicht ausleben, bricht sein Instinkt im Jagen von Joggern, Radfahrern oder Autos durch, und wenn auch dies nicht möglich ist, in neurotischen Ticks.

Während ein erfahrener Wolf seine Kraft so ökonomisch einsetzt, daß er nie einem Beutetier hinterherhetzt, bei dem seine Aussicht auf Erfolg gering ist (1), kann es bei hyperaktiven Jagdhunden zu einer solchen Streßbelastung und Verausgabung letzter Kräfte kommen, daß sie in hypoglykämische Stoffwechsellagen (Unterzuckerung) geraten, wie sie auch von hyperaktiven Kindern bekannt sind. Hier scheint, ähnlich wie bei Schmerz und voller Blase, die körperliche neurologische Rückmeldung gestört zu sein, die normalerweise rechtzeitig einen Erschöpfungszustand signalisiert und Verhaltensänderung bewirkt.

Der Hund war nur auf den Menschen fixierbar, weil er ein intelligentes Sozialwesen ist. Das Zusammenleben im Wolfsrudel wird als eine der sozial am höchsten entwickelten Tiergemeinschaften angesehen.

Deshalb ist der Hund auch durchaus psychisch anpassungsfähig, aber er empfindet besonderen Streß, wenn etwas seiner Veranlagung als Nasentier, Gruppentier, Lauftier oder Fleischfresser entgegensteht.

Bei unangenehmen Gerüchen sind Mensch und Hund oft durchaus unterschiedlicher Meinung: Zweiterer findet Gerüche unwiderstehlich und wälzt sich in Duftwolken, die eine Beleidigung unseres ästhetischen Empfindens darstellen; aber dafür findet er unser Parfüm oder unsere Alkoholfahne einfach widerwärtig.

Hunde sind nie gern allein. Wenigstens möchten sie in ihrer Menschengruppe sein, noch lieber ist ihnen ein Artgenosse, sie können sich aber auch einem Pferd oder anderen Tier freundschaftlich anschließen. Denken Sie daran, und schaffen Sie sich aus Liebe zu Ihrem Hund lieber zwei Exemplare einer Kleinrasse als einen Großhund an!

Hunde sind Bewegungstiere und für Ausdauerleistungen geeignet. Zuwenig Auslauf und Leinenzwang sind Streß für sie. Besser Zwinger als Kette, besser ein zuerst restriktiv erzogener Hund, der sich später gehorsam zu benehmen weiß, weil ich ihm dann größere Freiheiten geben und ihn überall mit hinnehmen kann, als ein Hund, der vor lauter Verwöhnung nie seine Grenzen im Zusammenleben mit Menschen gezeigt bekam und deshalb den Rest seines Lebens eingesperrt oder angeleint verbringen muß.

Zu den äußeren Streßfaktoren kommen nun noch innere durch total veränderte Ernährung. Alles zusammen führt inzwischen bei immer mehr Hunden (und Menschen) zum Zusammenbruch des individuellen Filtersystems für Reize der Sinne von außen und Körperreize von innen.

Eine dieser Krankheiten des Abwehrsystems sind die besagten Allergien, die sich zunehmend auf das Gehirn in Form von physiologischen Funktionsstörungen auswirken.

Es besteht in der Symptomatik der Gehirnallergien von Kindern und betroffenen Hunden eine dermaßen frappante Ähnlichkeit, daß ich mich genötigt fühlte, dieses Buch zu schreiben. Ich möchte damit genervten Hundebesitzern helfen und Schlimmeres – Unfälle, Weggeben oder Einschläfern – verhindern. Mindestens ein Drittel der Hunde in Tierasylen wird wegen unerwünschten Verhaltens dort abgegeben, wo oft genug wegen Unvermittelbarkeit nur die Euthanasie wartet. (10) Wer möchte – bei aller Tierliebe – schon einen Hund haben, der neben dem auf dem Boden krabbelnden Kleinkind seinen Haufen hinsetzt oder bei dem man nicht sicher sein kann, ob er ins Gesicht beißt? Auf jeden Hund, der an Krebs stirbt, und das ist fast ein Drittel aller Hunde (14), kommen drei, die aufgrund ihrer Verhaltensunarten eingeschläfert werden. Fast die Hälfte aller Hundehalter beklagt irgendein Verhaltensproblem bei ihrem vierbeinigen Familienmitglied. Die Hunde können aber oft nichts für ihr ungezogenes Verhalten, denn es kann eben auch auf einer neurologischen Störung und nicht auf ihrem schlechten Charakter oder einer schlechten Zuchtlinie beruhen. Gleichwohl ist die Disposition für Allergien genetisch angelegt, und somit könnte durchaus die Möglichkeit bestehen, Zuchtlinien nach ihrer Fertigfuttertauglichkeit zu selektieren, falls wir denn meinen, davon nicht mehr abgehen zu können.

Wollen wir alle zu wandelnden Robotern der Pharma- und Ernährungsindustrie werden? Ich persönlich halte mehr vom Leitsatz »Zurück zur Natur!«, d. h. besser das Futter wieder dem Hund als das Lebewesen der Fabrik anzupassen, besser Vorbeugung als Behandlung!

Wahrscheinlicher ist allerdings: So wie der Umsatz von Ritalin für hyperaktive Kinder in den USA in den letzten Jahren um 700 % stieg, wird auch das neue Psychopharmakon Anipryl gegen »kognitives Dysfunktionssyndrom« bei Hunden einen rasanten Absatzboom zu verzeichnen haben. Der US-Psychopillen-Markt für Heimtiere umfaßt jährlich bereits eine Milliarde Dollar – mit steigender Tendenz. Wollen wir das? Wollen wir demnächst hirnmanipulierte Kinder, die mit beruhigungsmittelgedopten Hunden spazierengehen? Oder wollen wir gesunde, natürliche Kinder und Hunde?

Da sich die Erkrankung meist nicht vor einem halben Lebensjahr – meist eher später – zeigt und die Diagnose heute noch fast unbekannt ist, dürfte die Zuchtauslese zur Zeit noch auf Grenzen stoßen. Nur bei leistungsgeprüften, eingetragenen Rassehunden besteht hier eine Chance, denn allergiekranke Hunde werden durch ihre Erziehungsprobleme kaum Gehorsamkeitsprüfungen bestehen. Ohne Behandlung bleiben ihre Symptome lebenslang bestehen, und es ist besonders brisant, wenn mit dieser Art Hunde auch noch gezüchtet wird. So geschah es leider mit einer Hündin, die ich zugekauft und aus Gründen der Unerziehbarkeit an einen Kollegen abgegeben hatte, weil sie meinen Ansprüchen an charakterfeste Exemplare in meiner Zucht nicht entsprach. Danach fungierte sie leider nur noch als Reproduzentin von vermutlich ebensolchen Hunden, und das nur aus Geldgründen. Wie mir zu Ohren kam, blieb dieses Tier pathologisch aggressiv und überdreht. Auch unsere Anna veränderte ihr Verhalten nicht wesentlich in ihrer neuen Umgebung, wurde auch dort nicht sauber, ein Beweis, daß es nicht die Schuld der Erzieher war.

Diätetisch eingestellte Tiere zeigen hingegen keine Symptome mehr, wie bei Bakasha beschrieben. Sie bleiben aber zeitlebens ernährungsempfindlich, und bei Diätfehlern können sich die Verhaltensschwierigkeiten sofort wieder einstellen.

Nach meiner Schätzung ist bereits ein knappes Drittel aller Hunde mehr oder weniger von dieser Krankheit betroffen, die in der Humanmedizin als **hyperkinetisches oder Aufmerksamkeitsdefizit-Syndrom** (leider noch nicht genügend) bekannt ist. Damit will ich sagen, daß einige Hunde permanent hyperaktive Symptome zeigen, andere nur phasenweise, abhängig von der Aufnahme ihrer Allergene, die es herauszufinden gilt. Gerade die »normalen« Phasen machen übrigens die Diagnose so schwer.

Es gibt auch immer mehr verdauungsgestörte, zu magere Hunde, vor allem größerer Rassen, die keine Gehirnsymptome zeigen, die aber mit der gleichen, individuellen Ernährungsumstellung zu kurieren sind.

Warum hat Sie der Titel dieses Buches angesprochen? Haben Sie vielleicht auch so einen überdrehten, schwierigen Hund zu

Hause, bei dem Ihnen schon mal der Verdacht kam, mit ihm könne irgend etwas nicht stimmen? Oder suchen Sie die Schuld bei sich? Möchten Sie nicht zugeben, daß andere denken könnten, Sie seien unfähig, ihren Hund zu erziehen? Genauso geht es auch den Müttern der entsprechenden Kinder. Machen Sie sich Vorwürfe, Sie könnten nicht genügend Geduld oder Zeit für Ihren Liebling aufgewendet haben und nur deshalb sei er so unausstehlich?

Mit »Liebling« ist es aber dann doch irgendwann einmal vorbei, wenn schließlich alle Erziehungsversuche ausgereizt sind, aus ihm einen angenehmen Gesellschafter zu machen, und das Zusammenleben eigentlich nur von immer neuem Ärger und Streß für die Familie geprägt ist und jede Hürde, sobald sie genommen ist, neue Probleme nach sich zieht.

Das spielt sich ungefähr so ab: Ihr Hund gebärdet sich beim Anleinen wie wild, springt hoch und dreht sich plötzlich, daß Sie sich fast beim Einklinken des Karabinerhakens die Hand ausrenken.

Punkt 1 ist geschafft. Doch nun zieht Hund ungestüm an der Leine, springt mehr, als er läuft, schleift Sie fast hinterher und bestimmt die Richtung. Hund ermüdet auch nach mehrstündigem Spaziergang nicht.

Sie haben immer noch gelegentlich Schwierigkeiten mit seiner Sauberkeit.

Punkt 2 – Leinenführigkeit und Sauberkeit – wurde nicht geschafft.

Zu Hause zerreißt er Körbchen, Teppiche, Schuhe, Sessel, Stiefel, Handtücher, Wäsche und Socken und zerbeißt die Telefonschnur, den Gartenschlauch oder die Baumsetzlinge, einfach alles, dessen er habhaft werden kann, obwohl er genug Kauknochen bekommt. Sie binden ihn deshalb an eine Kette, weil Ihnen das verständlicherweise nicht gefällt. Sie sind schon so schlau, dafür keine Lederleine zu nehmen. Im Umkreis seiner Anbindung wird er jetzt seine Matratze, Tür, Stuhlbeine, Teppiche und Tapeten zernagen oder zerkratzen.

Dann versuchen Sie es mit Freilauf in Ihrem glücklicherweise eingezäunten Garten. Dort fetzt er durch den Salat, kaut die eben gepflanzten Setzlinge ab, gräbt in Sekundenschnelle und mit unglaublicher Treffsicherheit die vorgestern gepflanzten Samen aus, köpft Ihre bunten Primeln, hinterläßt ein bis mehrere einen halben Meter tief gegrabene Löcher im Rasen, Ihre Hängematte hängt in Fetzen, die Erde der Blumenkästen ist gleichmäßig vor dem Eingang verteilt, und das alles passiert in fünfzehn Minuten, in denen sie Ihrem Hund dann doch wieder aus Mitleid ein Stück Bewegung und Freiheit schenken wollten. Und wenn Sie ihn ins Haus holen wollen, dann ist er unbemerkt durch das kleinste Loch des Gartenzauns entschwunden, um nach noch mehr Abenteuer zu suchen und nach Hause zu kommen, wann es ihm beliebt.

Also: Haus geht nicht, Garten geht nicht, es muß ein Zwinger her! Aber auch hier werden die Besitzer eines solchen Hundes nicht die Lösung ihrer Probleme finden, weil der Ausweg, wie wir wissen, anderswo liegt. Solch eine Hund wird es nicht lassen, seinen Besitzer mit nicht enden wollenden Taten voll Destruktion zu überraschen. Er wird die Hütte in Einzelteile zerlegen, jede Matratze in Stücke reißen und es selbst noch fertigbringen, in den Zementfußboden Löcher zu kratzen, bis die Pfoten bluten, er wird Bäume fällen und die Wände hochgehen. Das habe ich alles selbst erlebt.

Da nützen auch verhaltenstherapeutische Vorschläge aus neuester Fachliteratur (18) nichts, doch einen destruktiven Hund auf einen Raum zu beschränken, »wo er keinen Schaden anrichten kann«. Das ist schlechterdings unmöglich! Auch der Rat, jedesmal das Auto anzuhalten, bis der überdrehte Hund sich beruhigt hat, dürfte eher die Grenzen der Geduld des Herrn überschreiten als die Grenze der Ausdauer eines hyperaktiven Hundes. Diese Art Hunde besitzen ein unermüdliches Energiepotential, das auch der dynamischste Herr nicht zur Erlahmung bringen kann, und entwickeln Kräfte, die ans Übernormale grenzen, leider aber fast nur im destruktiven Bereich, außer im Ausdauertraining. Ihre Energien sind leider nur sehr schwer positiv zu kanalisieren.

Haben Sie Ihren Hund bzw. Bereiche seines Verhaltens wiedererkannt?

Ich möchte an dieser Stelle betonen, daß es nicht um ähnliche gelegentliche oder phasenweise Verhaltensweisen in der Entwicklung von Welpen oder bei inkonsequent erzogenen, nicht artgerecht gehaltenen oder gelangweilten Hunden geht, sondern um das Zusammenwirken vieler kleiner, im Übermaß erscheinender Verhaltenssymptome. Jedes einzelne davon kann, für sich genommen, zeitweise völlig normal sein, die Diagnose der hier besprochenen Erkrankung ergibt sich aus der Gesamtheit zahlreicher Symptome. Deshalb spricht man ja auch von einem Syndrom, d. h. der Summe vieler verschiedener Einzelsymptome. Bei nicht stark betroffenen Tieren kann es durchaus schwer sein, eine Grenze zum Normalverhalten zu ziehen. (Borderline-Verhalten) Die Diagnose beruht, auch in der Humanmedizin, auf Ernährungsumstellung und Verhaltensbeobachtung, eventuell mit Hilfe eines Tagebuchs und Fragebogens (siehe Anhang).

Nehmen Sie sich Tabelle II auf Seite 147 f. vor, und beantworten Sie die Fragen hinsichtlich Ihres Hundes (oder eines Hundes, den Sie längst abgeschafft haben). Haben Sie mehr als die Hälfte der Fragen mit »ja« beantwortet, ist es wahrscheinlich, daß Ihr Hund hyperkinetisch ist und vielleicht unter einer Allergie leidet, die mit großer Wahrscheinlichkeit durch Futterumstellung zu beheben ist.

Die typischen Symptome für diese **minimale zerebrale Dysfunktion** oder **Zerebralallergie** sind:

Hyperaktivität

Hyperkinesie = übersteigerter Bewegungsdrang
Zwanghaftes Hin- und Herlaufen, ständige motorische Unruhe, Rastlosigkeit, pausenlos in Bewegung, ruhelos, ständig umtriebig
Hechelt viel
Lange Beruhigungsphasen
Will ständig Aktion, lechzt nach Abwechslung, Ungeduld
Leichte Erregbarkeit
Geht die Wände hoch, dreht durch
Energieeinsatz groß und unerschöpflich, große Ausdauer, wenig Ermüdung
Ruheloser, glasiger Blick, oft Kopfwendungen
Wirre Aufgeregtheit
Unbrauchbar für Ausbildung und Ausstellung, hysterisch beim Tierarzt, zerstörerisch und unruhig im Auto
Überschießende Reaktionen
Beruhigungsmittel wirken oft nicht

Wahrnehmungs- und Aufmerksamkeitsdefizit/autistische Kontaktverweigerung und gestörtes Sozialverhalten

Gestörte Erfahrungsverarbeitung, lernt nicht aus Fehlern, deshalb schwer erziehbar, aber nicht grundsätzlich unintelligent
Scheint nicht zu kapieren, was man von ihm will
Kein Beachten von Gefahren
Ignoriert Herrn, kein Blickkontakt
Unaufmerksamkeit, Nichthören, nicht wachsam

Nicht schmusig, legt keinen besonderen Wert auf Streicheln, toleriert gelegentlich Berührung nicht
Keine Dankbarkeitsbezeugung Herrn gegenüber
Beziehungslos, lebt für sich, nicht stark personenbezogen, nicht treu, nicht anhänglich, kein Trennungsschmerz
Will ständig im Mittelpunkt stehen, seinen Willen durchsetzen, tut, was er will
Schwer sozialisierungsfähig gegenüber Artgenossen und Menschen
Seelisch nicht ausgewogen, unerwartetes Verhalten, reagiert anders als andere Hunde in gleicher Situation, unangepaßt
Fordernd, dominant
Unberechenbar, chaotisch, impulsiv, ungezogen, unkontrollierbar, nicht ansprechbar
Spielt nicht, rennt bloß
Abrupte Inaktivitätsphase nach Spaziergang oder Erregung, erscheint wie abwesend
Indifferent gegenüber Lob oder Schmerz, daher unerziehbar
Belohnung und Bestrafung beeinflussen kaum das Appetenz- oder Aversionsverhalten
Mangelndes Unrechtsbewußtsein
Kein Respektieren von Regeln, Befehlen und Verboten
Ausbildungsschwierigkeiten
Ist im Umgang mit einer Person allein ausgeglichener als im Beisein vieler Personen oder Hunde

Neurosen, Ticks und Stereotypien

Jagen imaginärer Tiere als Abfuhr angestauter Energie, Kratzen auf Holz oder Beton, Ausgrabenwollen von nicht Vorhandenem
Phantomjäger (zwangsneurotischer Jagdtrieb nicht vorhandener Fliegen, Kaninchen, Mäuse), Schwanzjagen

Kann nicht aufhören (Bellen, Zerstören, Hinundherlaufen, Lecken, Kratzen)
Frißt Unverdauliches (Mörtel, Schaumstoff, Textilien usw.)

Hypalgesie (= vermindertes Schmerzempfinden)

Gestörtes Körpergefühl
Gefühllos (verletzt sich, kratzt die Kurve, fällt und stolpert über eigene Beine, kratzt sich blutig)
Ungesteuerte Fortbewegung (kreuzt, fällt, stürmt, rutscht aus, reißt um)
Mangelnde Körperrückmeldung von Schmerz, Erschöpfung, Sättigung (Überfressen), vollem Darm und voller Blase (plötzlicher Harndrang, deshalb Sauberkeitsprobleme)
Verzögerte oder unmögliche Sauberkeitserziehung (urplötzliches Hinsetzen ohne Schnüffeln, Im-Kreis-Drehen, Beschmutzen des Lagers, kann sich bei Ablenkung nicht lösen)

Aggression, Destruktion

Streitsüchtig, unberechenbare Bösartigkeit (schnappt, knurrt, beißt, verteidigt)
Angriffslustig, nicht ängstlich
Provozieren (Anbellen, beißt Menschen und Tiere in die Hacken)
Zerstörerisch
Bringt Sachen fertig, die unmöglich erscheinen
Beknabbert Pfoten und Gegenstände

Gesundheit

Gier, unersättlicher Appetit, dabei schlank
Glänzende Augen, oft mit Mydriase (Pupillenerweiterung)

Glänzendes Fell, gutes Gebiß, oft hübsch
Puls arrhythmisch und beschleunigt,
Körpertemperatur eher erhöht
Unangenehmer Körper- und Maulgeruch
Anfallsweise Diarrhöe, eventuell unangenehm riechend und in Abwechslung mit Normalstuhl oder Verstopfung bei gleichem Futter
Streßanfälliges Verdauungs- und Nervensystem
Unangenehm riechende, häufige Blähungen, Aufstoßen

Aufgrund der Tabelle im Anhang und der obengenannten Symptome (die aber nicht alle bei ein und demselben Hund auftauchen müssen und sich auch phasenweise ändern können) haben Sie nun vielleicht den Verdacht, daß Ihr Hund einer der hier beschriebenen hyperaktiv-allergischen Hunde sein könnte. Die genauere Diagnose und Therapie kann Ihnen selbst gelingen, wenn Sie in der Lage sind,

- eine konsequente Ernährungsumstellung vorzunehmen,
- ihn sehr genau zu beobachten, gegebenenfalls, indem sie in einem Tagebuch Futter, Uhrzeit und Verhalten notieren,
- und ihn weiterhin konsequent zu erziehen.

Diese Ernährungsumstellung kann nicht nur bei allergischen Hunden durchgeführt werden, sondern bei jedem verdauungsgestörten oder hautsensiblen Hund, denn 80 % dieser Krankheiten sind heutzutage futterbedingt. Deshalb ist die Umstellung auf gesundes Naturfutter immer und in jedem Fall empfehlenswert, solange die Verdauungsorgane durch den Totalausfall bestimmter Drüsen noch nicht unwiderruflich geschädigt sind. Dies sollte besonders gelten für Zuchthündinnen, denn Nährstoffdisbalancen der Mutter wirken sich auf das zukünftige Immunsystem der Welpen aus.

Ziel ist es, anfangs ein Naturfutter aus möglichst wenig verschiedenen Bestandteilen und ohne solche, die im bislang üblichen Futter enthalten waren, zu verabreichen. Zugang zu jeglicher anderen Aufnahme ist zu verhindern.

Schritt 1:

Geben Sie ab morgen nur noch gekochtes Fleisch, egal welche Sorte, aber bleiben Sie vorerst bei derselben, mit in der Brühe gekochtem Reis. Rühren Sie eine fein geraspelte rohe Möhre oder einen Apfel unter.

Dieses Futter wirkt nicht nur stopfend bei dünnem Stuhl, sondern ist darüber hinaus hypoallergen, d. h. erfahrungsgemäß gibt es kaum ein Tier, das auf diese Inhaltsstoffe allergisch reagiert. Alles muß selbstverständlich natural sein, also ohne künstliche Soße, gewürzten Instant-Reis, Dosenfleisch oder vorerst andere Zusätze. Alle Familienmitglieder müssen informiert sein, dem Hund absolut nichts nebenbei zuzustecken. Feste Fütterungszeit und Hundenapf immer an gleicher Stelle helfen. Dieses Futter geben Sie zwei Wochen lang. Sollte Ihr Hund es ablehnen, vergrößern Sie den Fleischanteil, oder bieten Sie immer wieder dasselbe an, eventuell angewärmt. Es ist wirklich noch kein Hund bei vollem Napf verhungert!

Fütterungsversuche bei Diätwechsel haben gezeigt, daß 95 % aller Hunde die neue Nahrung spätestens am dritten Tag annahmen, wenn ihnen nichts anderes angeboten wurde. (8) Wie wir allerdings wissen, ist Fasten für Hunde nicht nur unschädlich, sondern sogar völlig natürlich, in diesem Fall sogar von therapeutischem Nutzen durch vollständige Ausscheidung der noch im Körper befindlichen Giftstoffe. Trumler (15) behauptet sogar, daß ein regelmäßiger Fastentag in der Woche ein Hundeleben um die Hälfte (!) verlängert. Bei meinen eigenen Hunden beobachte ich bei der hier beschriebenen natürlichen Fleischfütterung im »Baukastensystem« (siehe S. 149), daß sie ganz von selbst zuweilen ein bis zwei Tage nichts anrühren, ohne krank zu sein.

Ersetzen Sie am nächsten Tag das Futter durch frisches, wärmen Sie es eventuell leicht an, und behalten Sie ansonsten die Nerven – zum zukünftigen eigenen Wohle und dem Ihres Hundes. Zur Not kann auch das bisherige Futter über einen Zeitraum von drei bis zehn Tagen mit dem neuen Futter in steigender Menge vermischt werden. Die Beobachtungsphase beginnt dann erst entsprechend später.

Schritt 2:

Beobachten sie Ihren Hund gut, und führen sie gegebenenfalls ein Tagebuch über Futter (genaue Zusammensetzung, Uhrzeit der Fütterung), Stuhlgang (Konsistenz, Menge, Zeit) und vor allem Verhalten (z. B. heute weniger gebellt oder nicht so unruhig) und Erziehungserfolge und -mißerfolge (kommt sofort bei Zuruf, Pfütze im Wohnzimmer o. ä.). Eine Veränderung der Stuhlfestigkeit und des Verhaltens stellt sich im günstigen Falle bereits nach vier Tagen ein, Hautprobleme brauchen mindestens zwei bis drei Wochen.

Schritt 3:

Sollte sich keine Veränderung in Richtung Verfestigung des Stuhls und umgänglicheres Verhalten zeigen, wechseln Sie die Fleischsorte, z. B. Huhn anstatt Rind. Durch die häufige industrielle denaturalisierende Verarbeitung von Rindfleisch bestehen dagegen häufig Allergien. Versuchen Sie es deshalb eher mit Huhn, welches zwar auch sehr viel industriell verändert und verarbeitet wird, aber weniger allergen wirkt, ebenso wie Hammelfleisch und eventuell Schweinefleisch.

Wenn auch das keine Änderung bewirkt, was sehr unwahrscheinlich ist, dann müssen Sie es mit einer noch selteneren Fleischart wie Wild, Truthahn oder anderen Ihnen zur Verfügung stehenden Sorten versuchen. Die letztgenannten Fleischsorten werden von der veterinärmedizinischen Industrie heute als hypoallergenes Fertigfutter angeboten. Sie können es also auch, wenn Ihnen das Selberkochen zuviel Arbeit macht, mit medizinischem Dosenfutter versuchen. Bei Allergiefuttersorten gibt es auch Trockenfutter, das aber wieder den Nachteil der mehrfachen Hocherhitzung, des unnatürlichen Wassergehalts und des Zusatzes von Fettkonservierungsmitteln hat und bei dem man keine Inhaltsstoffe mehr erkennen kann. Durch unnatürlich veränderte Molekularstrukturen können früher oder später wieder neue Allergien provoziert werden. Deshalb erscheinen auf dem Markt auch immerzu neue Spezialfutter für den sensiblen Hund mit immer ausgefalleneren Fleischsorten und immer ausgefalleneren Beilagen wie Gerste, Maniok oder Kartoffeln, obwohl letztere für Hunde ziemlich wertlos sind, sich jedoch positiv auf das Säuren-Basen-Gleichgewicht des Stoffwechsels auswirken.

Unser Antiallergiefutter geben wir ausschließlich mindestens eine Woche lang, besser zwei, bei Hautallergien mindestens vier Wochen. Unterbrechung ist nur bei Spontandurchfall angezeigt, der sofort eine Unverträglichkeit signalisieren würde, die aber äußerst unwahrscheinlich ist.

Wenn Fleisch über längere Zeit chemisch verändert, d. h. bis zur Unkenntlichkeit zerkleinert, hocherhitzt und mit vielen Beistoffen versetzt über lange Zeit verfüttert worden ist, ist es nur eine Frage der Zeit, wann Hunde auch auf neue Fleischsorten allergisch reagieren. Dann bleiben nur noch Ziege, Truthahn, Ente, Pferd, Gans, Reh, Hirsch und Kaninchen. Einige davon werden schon in größerem Stil vermarktet! Man fängt schon an, verschiedene Fischarten wie Weißfisch, Schellfisch oder Thunfisch als tierische Proteinquelle für übersensible Hunde zu nutzen, weil sie damit bisher mit Sicherheit noch nicht in Berührung gekommen sind. Es ist eine Spirale ohne Ende, nur zu kappen, wenn wir unsere bereits degenerierten Hunde wieder soweit wie heute noch möglich auf Natur einstellen.

Eine amerikanische Firma beschreitet bereits den neuen Weg der Kaltverarbeitung von Fleisch und Schmalz in ihrem Fertigfutter.

Allergien bestehen in besonderem Maße gegen die am häufigsten benutzten industriellen Futterbestandteile, vor allem gegen Weizen und immer mehr auch gegen Soja.

Es scheint auch beim Hund einen Zusammenhang zwischen Weizenallergie, Hyperaktivität und Zöliakie, ähnlich wie beim Menschen, zu geben. Zöliakie ist ein Enzymmangel, durch den das in Weizen, Gerste, Roggen, Hafer und Buchweizen enthaltene Gluteneiweiß nicht mehr aufgeschlossen werden kann.

Viele Inhaltsstoffe wandern nicht etwa in das Futter, weil ihre Bekömmlichkeit bei den Tieren besonders erwiesen wäre, sondern vielmehr, weil sich die industriellen Überschüsse an Milchpulver, Weizenabfall, Maisschrot usw. in den Tierfuttermitteln, die ja bis zur Unkenntlichkeit zermanscht und verbacken werden, gut unterbringen und sogar noch zu Fleischpreisen vermarkten lassen.

Die hauptsächlichsten allergenen Inhaltsstoffe für Hunde sind zur Zeit:

- Künstliche Farbstoffe
- Künstliche Aromastoffe
- Künstliche Konservierungsstoffe
- Lebensmitteltechnische Hilfsstoffe, nicht deklarierungs-

pflichtig (siehe Tabelle Ib)

- Gewürze
- Weizen und dessen Produkte wie Nudeln, Brot, Hundekuchen, Flocken, Mehl und Auszüge
- Mais dito
- Soja dito (Lezithin, Dosenkunstfleisch)
- Seltener Gerste, Roggen, Buchweizen und Hafer
- Milch und Milchprodukte wie in Spezial-Welpenpulver, Jungtierfutter, Joghurtdrops, Molkenpulver, Käse
- Rindfleisch und Rindfleischextrakte
- Hühnerfleisch und Hühnerfleischextrakte
- seltener Fisch, Schweinefleisch (Schinken, Wurst), Pferdefleisch, Pute
- Bierhefe (in Vitamintabletten und -pulver)
- Ei, auch Trockeneipulver, rohes Hühnereiweiß
- Schokolade, jegliche Süßigkeiten, auch spezielle für Hunde
- Bohnen und Erbsen als einziges Gemüse, wahrscheinlich durch Kreuzallergie auf das verwandte, häufig verarbeitete Soja

Alle genannten Stoffe gilt es bei Verdacht auf Allergie erst einmal auszuschalten. Grundsätzlich schließt das zwar keine anderen Auslöser aus, aber diese sind vorerst unwahrscheinlich. Wenn wir es sehr genau nehmen wollen, können wir noch

- die Plastikfutterschüssel gegen eine rostfreie Stahlschüssel oder Keramikschale austauschen
- und das übliche Trinkwasser durch stilles Mineralwasser ersetzen, denn auch in diesen könnten krankmachende Schadstoffe enthalten sein. Insgesamt sind derzeit etwa 6 000 Futterallergene bekannt, mit steigender Tendenz, so daß uns schnell klar wird, daß wir es hier mit einer Zeitbombe zu tun haben. (6)

Schritt 4:

Gleichzeitig mit unserer Diät, welche die wichtigsten bekannten Allergene bei Hunden (siehe oben) eliminieren soll **(= Eliminierungsdiät)**, sollten wir ein konsequentes, regelmäßiges Erziehungsprogramm gegen die Verhaltensfehler beginnen, die uns bei unserem Hund am meisten stören, wie z. B. in den Kapiteln 1 und 2 bezüglich der Sauberkeitserziehung beschrieben.

Jeder Hund sollte stubenrein und leinenführig sein, auf seinen Namen herbeikommen und wenigstens auf »Sitz!« hören, auch unangeleint niemanden anspringen und sich im Hause gesittet benehmen, kurzum: ein angenehmer Begleiter sein.

Machen sie jetzt nicht den Fehler, irgendwelche Leckerchen oder Snacks zur Dressur zu verwenden, denn dann ist das Allergiebild schon verfälscht. Ihr Vierbeiner darf sich auch unterwegs nichts aufgabeln. Unser Ziel ist es ja, durch Ausschluß herauszubekommen, ob unser Hund allergisch ist und gegen was, damit wir derartige Reaktionen in Zukunft gezielt vermeiden können.

Schritt 5:

Hat sich unser Hund nach etwa zwei Wochen – mitunter auch schon nach vier Tagen – durch sein neues Futter im Darm und Verhalten wesentlich beruhigt, dann habe ich den Beweis, daß er vorher irgendeinen der oben angeführten Futterinhaltsstoffe nicht vertrug.

Ich kann jetzt also bei meinem selbstbereiteten oder gekauften hypoallergenen Futter bleiben und dies fortan ausschließlich verfüttern. Das wäre eine Lösung. Wie ich aber weiter oben dargelegt habe, ist Einseitigkeit nicht empfehlenswert.

Sie können weitere verträgliche Fleisch- und Futtersorten testen, wenn sich Ihr Hund nach einigen Wochen gesundheitlich und verhaltensmäßig so gut stabilisiert hat, daß Sie jeden Rückfall sofort registrieren **(= Provokationsdiät)**.

Testen Sie immer nur *einen* neuen Zusatz pro Woche, immer *nur in natürlicher Form,* zuerst das Fleisch von der einen Tierart, dann das einer anderen. Die verschiedenen Organe derselben Tierart spielen dabei keine Rolle, d. h. Sie können beim gleichen Tier bedenkenlos zwischen Leber, Herz, Lunge, Schlund oder Muskelfleisch wechseln, denn alle Teile haben ja die gleiche Eiweißstruktur, z. B. die eines Rindes.

Sobald Sie wissen, welche Fleischsorten Ihr Hund verträgt, können Sie auch verschiedene Getreidesorten austesten, aber sie spielen nicht eine so große Rolle bei einer natürlichen Fütterung. Gegen Gemüse, egal welches, am besten roh und fein geraspelt, bestehen so gut wie keine Allergien. Kaufen Sie grundsätzlich nur Futter, das so verpackt ist, daß Sie sehen, was Sie kaufen, und möglichst genau wissen, woraus es besteht. (Zum Beispiel j und k.)

Versuchen Sie, die Fleischsorten erst in gekochtem und dann der Arbeitsersparnis und Gesundheit halber zunehmend in rohem Zustand zu testen. (Jedesmal kürzere Zeit kochen oder in steigender Menge rohes mit gekochtem Fleisch vermischen.) Manche Allergene werden durch Kochen zerstört. Es ist also möglich, daß ihr Hund gekochtes Huhn sehr gut, rohes aber schlecht verträgt. Der Hund hat Reißzähne, d. h. Kleinschneiden ist nicht erforderlich, nur beim Kochen und Vermischen mit Reis. Außerdem freut sich ein Hund über natürliche Beschäftigung. Besonders verträglich und kalziumreich sind roher Labmagen, grüner Blättermagen oder Pansen. Leber ist besonders protein- und vitaminreich.

Diese Methode ist die sicherste, um die Verträglichkeit der einzelnen Stoffe und die hauptsächlichen Allergieauslöser herauszufinden. Ich kann auch mit einem anderen käuflichen hypoallergenen Futter abwechseln, wenn ich mir die Mühe des Selberzubereitens oder Schlachtabfälle-Schleppens nicht machen will, z. B. Prescription Diet Canine d/d von Hill's (d). Hierin sind nur Reis und Schaffleisch enthalten, welches normalerweise in Fertigfutter nicht vorkommt (8) und deshalb erfahrungsgemäß keine Allergien auslöst, da eine vorhergehende Sensibilisierung unwahrscheinlich ist.

Je mehr allerdings diese Lamm- und Reis-Diäten verfüttert werden, vor allem in Trockenform, desto mehr ist abzusehen, daß sich auch hiergegen Allergien entwickeln. Immer mehr Hunde haben bereits eine Allergie gegen Lammfleisch. (17) Weil die Produzenten dies auch erkannt haben, bieten sie immer ausgefallenere Inhaltsstoffe wie Weißfisch oder Ente, Gerste oder Kartoffel an. Der neueste Schrei aus Amerika sind pflanzliche Eiweißträger wie Hirse, Amarant und Yucca.

Gute Allergiefutter lassen sich zur Diagnose und Therapie nutzen. Inzwischen ist aber nicht nur der Markt an Normalfuttersorten unüberschaubar geworden, sondern jede Firma, die etwas auf sich hält, produziert heute ihr »Sensoprogramm« mit Werbung, daß die häufigsten Allergene darin nicht enthalten seien.

Aber auch hier gilt: Vorsicht Falle! Die meisten Allergiefutter enthalten viel zu viele Inhaltsstoffe. Wie will man die je alle austesten! Jeder einzelne kann wieder neuer Allergieauslöser sein! Wählen Sie die Sorte, die garantiert nur eine pflanzliche (z. B. Reis) und eine tierische Proteinquelle hat (z. B. Huhn). Schauen Sie unbedingt auf die Analyse: Ein angebliches Allergiefutter, das sich »Pute und Gerste« nennt, weil es eine ungewöhnliche Zusammenstellung ist, worin dann aber auch Reis und Mais als pflanzliche und außerdem Molke und Ei als weitere tierische Proteinquellen enthalten sind, ist mit Vorsicht zu genießen. Ebenso ein als »sojafreies Allergiefutter« angepriesenes Produkt, in dem sich aber Lezithin befindet.

Bei näherer Betrachtung einer Antisensibilisierungsdiät »mit Lamm und Reis« stellte ich fest, daß wirklich nur das Wörtchen »mit« stimmte, denn der größere Teil bestand aus zwei anderen üblichen Fleischsorten, darunter Leber ohne Angabe der Tierart, ferner Ei und Milch, so daß insgesamt sechs verschiedene tierische Proteinsorten zusammenkamen und zusätzlich noch zwei Getreidesorten.

Mir scheint, da wollen einige Hersteller auf einen fahrenden Zug aufspringen, die zwar etwas von Markttrends verstehen, aber nichts von Allergien. Da wird mit der Formulierung »stärkt die Immunabwehr« geworben, obwohl wir es bei dem besagten Krankheitskomplex ja mit einem überaktiven Immunsystem zu tun haben. Die Hyperaktivität entfaltet sich innerlich wie äußerlich. Allergiefutter wird auch als streßdämpfend angepriesen. Und wenn gar »mit 100%iger Garantie« dafür geworben wird, dann wird das Ganze unlauter, denn Allergene lauern überall und können grundsätzlich auch in der besten Allergiediät für ein bestimmtes Individuum nie ausgeschlossen werden. 16 % der Hunde reagieren bereits negativ auf kommerzielles Allergiefutter. (17)

Ich kann auch anderes Normalfutter der Sorte XY austesten. Da dieses aber immer aus noch viel mehr verschiedenen Zutaten gemischt ist, ist die Rückfallgefahr groß, und ich weiß dann vielleicht, daß mein Hund es nicht verträgt, aber immer noch nicht, welcher Inhaltsstoff genau ihn so unausstehlich gemacht hat.

Hinzu kommt, daß handelsübliche Futterarten nach offenen Rezepten produziert sind, d. h. ihre Zusammensetzung schwankt von Charge zu Charge, je nach Marktpreis der Zutaten und ihrer Verfügbarkeit. Jedes Abhängigmachen von einer einzigen Firma ist in jedem Fall zu vermeiden, weil es immer früher oder später Probleme mit der Beschaffung oder Gesundheit provoziert. Ständige Verfütterung der gleichen Inhaltsstoffe kann auf Dauer neue Allergien auslösen. Deshalb ist es angezeigt, alle paar Tage zwischen verträglichen Futtersorten zu wechseln **(= Rotationsdiät)**.

Unverträglichkeiten kann ich besser in der eigenen Küche herausbekommen. Wenn ich keine Lust oder Zeit habe, auch noch für den Hund zu kochen (zumal die Leute heutzutage ja kaum noch für sich selber kochen), ergeben sich trotzdem bei dem großen Angebot an Futtersorten bei Tierärzten, Zooläden, Futterketten und Tierbedarfsversand genug Möglichkeiten, unseren Hund gesund und natürlich zu ernähren, ohne viel Zeit investieren zu müssen, auch wenn er erfreulicherweise nicht oder noch nicht allergisch veranlagt sein sollte. Allerdings schließt auch Naturkost eine Allergie bei einem entsprechend veranlagten Tier nicht grundsätzlich aus.

Habe ich festgestellt, daß mein Hund nach der Zugabe eines neuen Futterstoffes wieder Durchfall oder Juckreiz bekommt, unruhiger oder ungehorsamer wird, sollte sofort der neue Zusatz weggelassen werden. Ich kann ihn zur Sicherheit zu einem späteren Zeitpunkt nochmals testen. Fällt dieser Test dann ebenfalls positiv aus, muß das betreffende Futter zeitlebens vermieden werden.

Der Hund ist ein Fleischfresser, d. h. er nutzt tierisches Eiweiß als Proteinquelle, und deshalb, wenn es uns irgend möglich ist, ernähren wir ihn von klein auf mit rohem Fleisch der verschiedensten Organe und Tierarten, je nach Größe ganz oder zerteilt, mit Fell oder Federn, am besten draußen im Garten angebunden oder im Zwinger, dazu Knochen, roh, möglichst jung oder so groß, daß sie keine Verletzungsgefahr für Darm oder Maul darstellen.

Am besten immer ein Teil von allem, denn Knochen allein können zu schmerzhaften Verstopfungen durch betonharte Kotanschoppungen führen, wogegen reines Fleisch abführend wirkt. Beide Effekte zusammen gleichen sich aus. Getrocknete Fellteile, eventuell Kauknochen aus Rohleder, ergänzen die

Proteinnahrung Fleisch um Mineralien und Gebißpflege. Grüner Magen oder Darm mit Inhalt der verschiedenen Pflanzenfresser ist das gesündeste Hundefutter überhaupt. Für kleine Rassen ist es möglich, z. B. rohe Hühnerbeine, Lammkoteletts, Fleisch am Stück (kein Hack), Leber und Nieren abwechselnd zu kaufen und direkt zu verfüttern. Sicher werden wir uns wundern, daß dies auch nicht teurer, dafür aber viel natürlicher und gesünder für unseren Hund ist. Bei einem Preis von 1,50 Euro für ein Suppenhuhn oder entsprechend weniger für eine Tüte Hühnermägen ist das wirklich erschwinglich, vor allem wenn ich auch Sonderangebote nutze. Trockenfutter hat dagegen oft einen Kilopreis von über 5 Euro.

Dies ergänzen wir durch etwas Getreide mit Kräutern und Öl, wie später noch erläutert. Vielleicht wird unser Hund etwas an Gewicht verlieren, denn selbst die meisten Ausstellungstiere sind heutzutage der Mode wegen eher zu dick, aber er wird es uns mit mehr Ausgeglichenheit und erwiesenermaßen längerem und gesünderem Leben danken.

Schlittenhunde fangen sich gelegentlich rohen Fisch. Gegen hin und wieder einen rohen oder getrockneten Hering oder Lachs wäre demnach nichts einzuwenden. Es gibt auch verschiedene Sorten Trockenfisch oder Fisch in Dosen (a).

In der Natur gibt es nichts Gekochtes! Gekochtes ist bereits künstlich denaturiert und sterilisiert und schwächt die eigene Produktion von Abwehr- und Verdauungsstoffen. Aber heutzutage fressen unsere Hunde fast 100 % nur noch Gekochtes! (Nur durch *einmalige* Wärmebehandlung von Kohlenhydraten wird die Verdaulichkeit für Fleischfresser verbessert.)

Gegen die üblichen Argumente der Übertragung von Krankheitserregern möchte ich entgegnen:

1. Verkauftes rohes Fleisch und dessen Abfälle stammen immer aus menschenverzehrtauglichen und veterinärmedizi-

nisch untersuchten Tieren. In kaum einem anderen Land der Welt gibt es ein strengeres Lebensmittelgesetz als in Deutschland. Selbst der Mensch nimmt ja rohes Fleisch in Form von Mett, Tartar, Schinken, blutigen Steaks usw. zu sich.

2. Der Hund kann durch seine scharfen Magensäfte selbst Aas und Fleisch von kranken Tieren fast immer problemlos verwerten. Schließlich fungieren die Wölfe in der Natur ja als Entsorgungspolizei des Waldes. Wir haben heute eher das Problem, daß unsere Hunde zu steril gehalten werden, so daß ihr Immunsystem durch mangelnden Kontakt mit lebenden Mikroben aufgrund von Hygienemaßnahmen, Impfungen, Antibiotika, Deodorantien, Desinfektionsmitteln und hochsterilisiertem Futter gar nicht mehr gefordert wird. Dann bricht sich – ähnlich wie der unterdrückte Jagdinstinkt der Großstadthunde beim absurden Jagen von Nicht-Beutetieren – auch das Abwehrsystem Bahn im Jagen von Nicht-Erregern in Form einer Allergie, obwohl es hier eigentlich nichts zu jagen gibt.
3. Lange genug mit Muttermilch aufgezogene, mit rohem Fleisch, Knochen, Kräutern und wenigen natürlichen Zusätzen (wie in Kapitel 7 und der Tabelle auf S. 149 beschrieben) aufgezogene Hunde haben eine so gesunde Abwehrkraft, daß sie viel weniger krankheitsanfällig sind.
4. Eine geringe Anzahl von Parasiten ist bei einem gesunden Hund durchaus normal und dient einer gesunden Immunisierung, die nachgewiesenermaßen weniger anfällig gegen Allergien macht. Dann nehmen die Parasiten auch nicht überhand.
5. Sollte sich doch einmal ein Parasit zu sehr breitmachen, so gibt es die Möglichkeit, ihn sofort diätetisch (vgl. S. 135) oder allopathisch durch gut wirksame veterinärmedizinische Medikamente, wie es sie noch nie zuvor in der Geschichte des Hundes gegeben hat, zu bekämpfen.

Die Behauptung, durch rohes Fleisch würden Hunde aggressiver, ist übrigens ein Ammenmärchen. (19) Im Gegenteil sind natürlich fleischernährte Hunde gesünder und damit ausgeglichener.

Schlachtabfälle können wir eimerweise vom Schlachthof holen, und sie enthalten wirklich alles, was als Reste eines geschlachteten Tieres anfällt: halbierte Schafsköpfe, Ochsenbacken, herausgeschnittenes Fett und Sehnen, Lymph- und andere Drüsen mitsamt ihren Organen wie Därmen, Lunge, Mägen, Milz oder Euter, Hoden, Herz und Nieren, dazu noch Füße, Ohren, Luftröhre, Schlund und vieles mehr.

Möglichkeiten, an frische Schlachtabfälle zu kommen, bestehen im Supermarkt, besser noch beim Biobauern oder beim Metzger um die Ecke (der aber vielleicht nicht mehr selber schlachtet) oder bei einem Jäger, der mir die Eingeweide seines erlegten Wildes überläßt. In Großstädten wie Hamburg oder München gibt es spezielle Hundemetzgereien mit Ladengeschäft und Hauslieferservice.

Wenn Sie Probleme mit der Vorratshaltung haben, können Sie das Fleisch entweder durch **Einfrieren** haltbar machen. (Selbst einfrieren oder von verschiedenen Firmen im Zooladen bereits tiefgefroren, portioniert und kleingeschnitten kaufen [j, k]; Supermärkte oder Schlachter verkaufen zuweilen gefrorene Schlachtabfälle.)

Oder Sie erhalten durch **Trocknen** die Natürlichkeit, denn so fressen es teilweise auch die Fleischfresser in der Wildnis. Es gibt getrocknete Lunge, Schlund, Pansenstreifen, Luftröhren, Schweinenasen, Ohrmuscheln, Lammfüße, Rinderhufe, Rinderhaut mit und ohne Fell und andere Organe verschiedener Tiere, lose oder verpackt, in guten Futterläden oder auch im Tierbedarfsversand (a) zu kaufen. Trockenfleisch kann reines Muskelfleisch, aber auch getrocknetes und gepreßtes Tierkörpermehl sein. Letzteres muß vor dem Verfüttern eingeweicht und mit seiner Einweichbrühe, etwas Öl und Reis vermischt werden, da es sonst zu Durchfall führen kann. Sehr zu empfehlen vor allem für Kleinrassen ist auch gemahlener Pansen in Mehlform zum sofortigen Unterrühren. (j) Verzichten Sie auf gefüllte Waren, in denen nur wieder billiger Zukker und Milchpulver für teures Geld an den Mann bzw. an den bedauernswerten Hund gebracht werden sollen.

Frischfleisch kann ich als Wochenration in einem abgedeckten Eimer im kühlen Keller bevorraten, oder falls ich Gartenbesitzer bin, gibt es auch die Möglichkeit, es in einer Grube unterirdisch kühl und gut abgedeckt aufzubewahren. (Genauere Beschreibung siehe Buch 15.) Schließlich vergraben auch Wolf und Hund in der freien Natur ihre überschüssige Nahrung.

Interessanterweise ist trotz des Flüssigkeitsentzugs der natürlichen Trockenprodukte bei den Hunden anschließend kein übermäßiger Durst feststellbar, was uns zeigt, daß dieser bei trockenem Fabrikfutter durch einen zu hohen Mineralien- und Salzgehalt ausgelöst wird.

Fehlendes **Fett** in unseren heutigen Schlachtabfällen und im Trockenfutter ersetzen wir am besten durch ein wenig Lebertran oder Fischöl (h und a). Das führt zu guter Verdauung, glänzendem Fell und guten Nerven, und auch der mäkeligste Hund liebt diesen Geruch. Auch pflanzliches Distelöl ist gut verwendbar, aber natürlicher sind möglichst weiche tierische Fette wie Hühnerfett, Gänse- oder Schweineschmalz. Talg ist möglich, aber wegen geringeren Anteils ungesättigter Fettsäuren nicht so empfehlenswert. Keine Angst vor Fett! Für noch nicht vorgeschädigte Hunde sind bis zu 20 % pro Ration gut verdaulich, und meist besteht eher eine Unterversorgung. Schlittenhunde mit hohem Energiebedarf durch Kälte und Arbeit bekommen sogar 60 %. Deshalb ist nur bei Übergewicht Vorsicht geboten!

Bei Allergien mit Fell- und Verhaltensproblemen hat sich Nachtkerzenöl (z. B. Efaderm vom Tierarzt) bewährt, weil es die Durchblutung des Nervengewebes erhöht.

Wir sind inzwischen weit davon entfernt anzunehmen, daß jedes käufliche Hundefutter wissenschaftlich erprobt oder als gesund oder wenigstens nicht gesundheitsschädlich zu bezeichnen ist. (Was leider trotz unserer vielen Gesetze auch auf fertige Nahrungsmittel für den menschlichen Verzehr zutrifft.) Sonst gäbe es ja auch nicht immer neues Futter mit neuen Zusatzstoffen. Wenn es optimal wäre, wäre es unverändert geblieben.

Jahrzehntelange Reklame für Hundefutter hat seine Spuren in unserem Bewußtsein hinterlassen: Wir haben mehr Vertrauen in Theorie und Wissenschaft als in unsere eigene Beobachtung und jahrhundertelange Selbstverständlichkeiten. Ein Jäger überließ mir seine Rehabfälle mit dem Hinweis auf mögliche Gefahren, mein Nachbarbauer gab mir die Reste seiner geschlachteten Puten und füttert seinen eigenen Hund mit langweiligem Trockenfutter. Mir und meinen Hunden soll es recht sein. Die Komplimente für meine Hunde geben mir recht!

Wie stark muß industrielle Gehirnwäsche wirken, wenn wir unbekannten Kunstprodukten mehr Vertrauen schenken als der Natur?

Wer den Schmutz oder sauren Geruch von Panseninhalt nicht mag, sollte das Grünzeug durch fein geraspeltes oder gehacktes rohes Gemüse, Möhren, Blattsalat, Äpfel oder frische, kleingehackte grüne Kräuter (Petersilie, Brennesseln, Spinat, Löwenzahn, Kresse, Borretsch, Sellerieblätter, Minze, Ampfer u. a.) ersetzen. Oder abwechselnd durch Zusatz einiger Löffel zerkleinerten gekochten Gemüses. Noch zeitsparender und einfacher zu verwenden sind auch speziell auf den Hund abgestimmte fertige Kräutermischungen wie Herbella Nervennahrung (a), Hoka mix (e), auch gelegentlich Trockenmöhren (a oder f) (vorher einweichen) oder abwechselnd Algen-Kalkpräparate (g, h oder a). Algen enthalten viel Jod, Zink, andere Mineralien und Vitamine, und man sagt, daß sie auf natürliche Weise die Fellpigmentierung fördern würden. Empfehlenswert ist auch Algenpreßsaft. (a) Es gibt sogar fertige Kräutermischungen, die auf bestimmte Krankheiten abgestimmt sind. (2)

Gegen natürliches Gemüse sind so gut wie keine Allergien bei Hunden bekannt, sie können deshalb unbegrenzt gegeben werden. Die Menge limitiert sich allein durch die Akzeptanz des Tieres. Die gekauften, empfohlenen Zusätze müssen einzeln ausgetestet werden, und man sollte zwischen ihnen wechseln.

Kohlenhydrate: Getreide sollte nur etwa maximal 10 % der Hundenahrung ausmachen (7), denn wie Sie wissen, sind Hunde ja Fleisch- und gelegentlich auch Aasfresser, d. h. für den Menschen bereits unangenehm riechendes Fleisch kann ich problemlos an meinen Hund verfüttern. Nur eine möglichst geringe Fleischmenge sollte also durch Getreide ersetzt werden. Dies ist grundsätzlich möglich, da sich einerseits der Hund im Laufe der Zeit in der Akzeptanz und durch Gewöhnung immer mehr zum Allesfresser hin entwickelt hat. Andererseits scheinen sich aber genau dadurch jetzt mehr Degenerationserscheinungen bei Hunden breitzumachen, die in ihrem ganzen Leben nur Kunstfleisch in Form von gefärbtem Getreide gefressen haben.

Bei über 40 % Getreide in der Ration ist sein Verdauungstrakt überfordert, bei über 60 % kommt es zum Maldigestionssyndrom. Dies bedeutet, daß der Körper die angebotenen Futterstoffe nicht mehr physiologisch normal verwerten und für sich nutzbar machen kann; er magert ab, und es kann trotz vollwertiger Nahrung zu Mangelsymptomen kommen.

Da kommerzielle Trockenfutter bis zu 60 % Kohlenhydrate (17) enthalten, wird uns hiermit klar, daß mit Trockenfertigfutter unsere Hunde fast immer an die Grenze ihrer physiologischen Belastbarkeit kommen.

Dem Anteil an Fleisch ist dagegen nach oben keine Grenze gesetzt, vorausgesetzt, es sind auch Ballaststoffe wie Pflanzenteile, Sehnen, Haut, Knochen usw. enthalten.

Es ist schon seltsam, daß es in unterentwickelten Dritte-Welt-Ländern viel robustere Hunde gibt, die sich nur von Fleischabfällen ernähren, sich hier in unserem reichen Wirtschaftswunderland aber die meisten Hunde mit Getreideabfällen begnügen müssen. Bei den westlichen Luxushunden scheint sich zu bestätigen, was wir auch von den Kindern wissen: Allergien sind Erkrankungen der Oberschicht, die es sich leisten kann, industriell zubereitete Nahrung zu kaufen.

Das bestverträgliche Getreide für Hunde als Kalorienersatz für Fleisch ist einfacher gekochter Reis oder Naturreis; noch preiswerter ist Bruchreis, der lose in manchen Landwirtschaftsläden erhältlich ist. Es gibt zum Unterrühren auch spezielle Reishundeflocken (a), Reisdiät (b) oder gepoppten Reis im Fachhandel, was das Kochen erspart, wahlweise auch mit getrocknetem Gemüse (e).

Bei Verträglichkeit (einzeln austesten!) können wir auch gelegentlich Haferflocken oder andere Getreideflocken (Hirse, Roggen), über Nacht eingeweicht, in Gemüsebrühe von Lauch, Wurzelgemüse oder Brennesseln geben oder hierin sehr lange gekochtes Vollkorngetreide wie Gerste, Mais oder Roggen. Hiervon geben wir täglich eine Handvoll für einen mittelgroßen Hund zu seinem Fleisch. Getreide als Mischungen sind für empfindliche Hunde nicht zu empfehlen,

1. weil wir bei Unverträglichkeit nicht wissen, welcher Teil in der Mischung der Auslöser war, und

2. weil erwiesenermaßen die Allergieneigung mit zunehmender Menge verschiedener Stoffe steigt.

Es gibt sogar Firmen (e), die auf Anfrage persönliche Allergiemischungen zusammenstellen.

Kartoffeln werden nur in Form von ungesalzenem Brei ohne Milch empfohlen, wenn andere Kohlenhydratträger nicht vertragen werden, als allerletzte Möglichkeit, die auch bereits von Allergiefutterherstellern wahrgenommen wird.

Mineralien: Möchten wir keine Fettflecken durch *Knochen* auf dem Teppich – am besten sind übrigens rohe Knochen von Jungtieren, z. B. Kalbsknochen, Rippenstücke mit Knorpelenden oder besonders große Röhrenknochen –, dann tut es auch der Zusatz von gutem Futterkalk. Ein hoher Kalziumgehalt ist wichtig, denn sowohl Getreide als auch Fleisch haben Phosphorüberschuß. Besonders im Wachstum, beim Knochen- und Zahnaufbau und in der Trage- und Säugezeit braucht der Hundeorganismus mehr Kalzium, als allein hierin vorhanden ist. Es kommt bei den beiden Mineralien Phosphor (P) und Kalzium (Ca) auf das richtige Verhältnis zueinander in der Gesamtmahlzeit an, deshalb sollte mindestens doppelt soviel Ca wie P in dem Zusatzpräparat enthalten sein, um den Phosphorüberschuß in Getreide und Fleisch auszugleichen. Achten Sie deshalb beim Kauf auf ein richtiges Ca:P-Verhältnis! Empfehlenswert: Bonefort Aufbaukalk (h) oder Knochenmehl, auch Knochenkraft Ergänzungsfutter (i), das sogar extra für hyperaktive Hunde empfohlen wird. Allzuoft werden unnütze Vitaminpulver ohne (ausreichenden) Kalk angeboten. Sie können auch einfach Eierschalen sammeln und im Mixer pulverisieren oder zusätzlich etwas Käse unterrühren, wenn verträglich. Der Hund kann auch hier das Kalzium aus tierischem Gewebe am besten nutzen (6), am besten in Pulverform, das man einfach ins Fressen rührt. Das erspart lästiges

Eingeben von Tabletten, die deshalb meist unterdosiert gegeben werden.

Vor allem bei den industriell billig und leicht herstellbaren Vitaminen gibt es heute eher eine Überversorgung. Die absolute Versorgung ist auch gar nicht so entscheidend, sondern das Mengenverhältnis der verschiedenen Vitamine untereinander, das sich bei natürlicher Fütterung wie von selbst optimal einstellt.

Erwähnen muß ich noch, daß Knochen keinesfalls gekocht oder gebraten verfüttert werden dürfen, da sie dann leicht splittern und Verletzungen an Maul und Darm hervorrufen können. Wenn Sie die Knochenabfälle trotzdem nicht wegwerfen möchten, kochen Sie Ihrem Hund davon eine leckere Brühe mit den dann vom Knochen leicht lösbaren Fleischresten darin. Schweineteile sollten immer erhitzt gegeben werden.

Noch einen fehlenden Bestandteil sollte ich bei Schlachtabfällen ersetzen: das Blut. Denn alle unsere geschlachteten Tiere sind im Gegensatz zu erlegtem Wild fast blutleer. Im Blut sind wertvolle Proteine und vor allem Eisen enthalten. Die einzige Wurst, die deshalb – bei Verträglichkeit – zu empfehlen ist, ist (nicht stark gewürzte) Blutwurst, besser noch Hundeblutwurst (a). Es gibt auch Blutextrakt, genannt Bioaktivator (b), der »die Immunabwehr verbessern« soll, ein inzwischen abgegriffenes Schlagwort. Ich persönlich habe damit keine Erfahrung. Den Einsatz bei Pferden, wie empfohlen, halte ich jedoch für bedenklich.

Hunde brauchen kein Kochsalz, das eigentlich ja auch nur einen künstlichen Geschmacksverstärker darstellt. In der Natur gibt es nichts Gesalzenes, hier ist der natürliche Kochsalzgehalt ausreichend. Die meisten Fertigfutter enthalten zuviel davon. (6) Das führt zu übermäßigem Durst und späteren

Nierenschäden. Erhöhten Bedarf gibt es nur bei bestimmten Krankheiten wie anhaltendem starkem Durchfall oder Erbrechen. (Siehe Anhang.)

Ballaststoffe: Als Rohfaser-Ersatz brauchen Hunde wie Menschen, die auch oft an der Zivilisationskrankheit Verstopfung aufgrund mangelnder Bewegung von Körper und Darm leiden, unverdauliche Füllstoffe, welche die Peristaltik normalisieren. Dazu eignen sich für Hunde getrocknete Fellstücke (a), aber auch schwer verdauliche Teile wie Kauknochen, getrocknete Bullenpenisse (sogenannte Ochsenziemer) oder Hufhorn. Ein Mangel an Ballaststoffen kann bei Hunden Verstopfung des Darms oder der Analdrüsen hervorrufen.

Nicht von ungefähr fressen meine eigenen Hunde gerne die größeren Hornstücke, wenn der Schmied bei uns die Pferdehufe bearbeitet hat. Und bis heute kann es meine gut ernährte und erzogene Hündin nicht lassen, in unbewachten Augenblicken mal eben an meinem Schaf-Fell-Vorleger herumzukauen.

Andere Vitalstoffe: Auch die Gier der Hunde nach Kuhfladen, Pferdeäpfeln und dem für uns unerträglichen, aber für Hunde unwiderstehlichen Geruch menschlicher Hinterlassenschaften erklärt sich aus dem heutigen Mangel an natürlichem Magen- und Darminhalt mit all seinen vorverdauten Pflanzenteilen, Verdauungsenzymen und noch lebenden Darmbakterien. Deshalb haben Hunde an diesen Objekten nur im frischen Zustand Interesse, und Wölfe fressen als erstes die Innereien, solange diese noch bioaktiv sind. (Das eigene Kotfressen und das von Artgenossen ist dagegen immer pathologisch und sollte eine tierärztliche Untersuchung auf Parasiten und Mangelerscheinungen nach sich ziehen.) In der Tat haben industrieernährte Hunde fast immer einen Mangel an Bauchspeicheldrüsenenzymen sowie gesunden Darmbakterien, mit denen sich Landhunde instinktiv wieder für eine gesündere Verdauung selbst beimpfen. Auch deshalb sind sie viel gesünder.

Aber wo findet unser armer Großstadthund all diese wichtigen Substanzen noch? Sie müssen inzwischen immer häufiger von Tierärzten verschrieben werden und werden auch schon als Verdauungshilfen im gut sortierten Repertoire von Futterläden angeboten. Unsere modernen Hunde können deshalb auch oft kein Fett mehr vertragen, ja, oft nicht einmal mehr normales Fleisch; schließlich wird ihnen von den ersten Lebenswochen an alles Futter steril und bereits unnatürlich industriell vorverdaut angeboten, bis fast in Molekülgröße zerkleinert, chemisch aufgeschlossen und gekocht.

Die »leichte Verdaulichkeit«, mit der auch noch geworben wird, bewirkt auf Dauer eine Unterfunktion der Verdauungsdrüsen durch Nichtbetätigung. Auch in der Humanmedizin sind ja Vitaminmangel, Verstopfung und andere Ernährungsschäden durch gebleichtes, entkeimtes und feingemahlenes Weizenmehl bekannt. Manche Hunde sind inzwischen schon so chronisch verdauungskrank und die Hundebesitzer so verunsichert, daß sie in ihrer Verzweiflung zu Babygläschen greifen. Da diese nun allerdings auf den Menschen, aber nicht auf den fleischfressenden Hund abgestimmt sind, ist es ratsamer, Hundediätnahrung oder Fleisch mit Reis und Gemüse- oder Kräuterzusatz zu geben und langsam auf Frischfleischkost umzustellen, wie oben beschrieben.

Im Notfall können wir bei Umstellungsproblemen oder allen Darmerkrankungen übergangsweise Verdauungsenzyme zur Erleichterung geben. Wir finden sie im guten Fachhandel als Pasten (b), beim Tierarzt (Petzym Pulver) oder Apotheker (Panzynorm, Kreon als Kapseln, auch Mugospräparate). Allerdings ist dies keinesfalls als Dauertherapie zu empfehlen, da sonst irgendwann die eigene Enzymbildung vom Körper ganz eingestellt werden kann. Besser ist ein Ausschleichen,

d. h. von Mal zu Mal wird weniger verabreicht, damit der Körper wieder zur Eigenproduktion angeregt wird. Man sollte bei nachgewiesener Allergie gegen Rind oder Schwein allerdings beachten, daß viele Pankreas-Präparate aus den gereinigten Bauchspeicheldrüsen dieser Tiere hergestellt sind. Es muß zu denken geben, wenn neueste Trockenfuttersorten schon mit eingebauten Verdauungshilfen (Digestiva) versetzt sind.

Auch die Zuführung erwünschter Darmbakterien über einige Wochen (z. B. Imbac oder Omniflora aus der Apotheke, Darmgel [a] oder Joghurtfermentkapseln aus dem Reformhaus, notfalls einige Teelöffel Naturjoghurt ohne Zucker und Früchte, aber mit lebenden Keimen, auch Dickmilch) sind sehr hilfreich und schaden nie. Wenn Käse vertragen wird, können wir auch davon geben; je stärker er riecht, desto lebendiger ist seine bakterielle und enzymatische Aktivität. (Auch beim Käse hat es die Industrie geschafft, eine lebendige Materie in ewiger Jugend in Plastik zu konservieren und die natürliche Reife zu verhindern.)

Die Florasubstitution setzen wir fort, bis sich Stuhl, Verdauung, Appetit und Wesen des Hundes normalisiert haben. Auch empfehlenswert sind einfach anzuwendende Pasten (b) oder Darmgel (a), extra für Hunde, oder Canibac vom Tierarzt. Alle diese Darmregulantien wirken als Probiotikum. Wir müssen erkennen, daß wir nur im Gleichgewicht auch mit Kleinstlebewesen harmonisch existieren können und nicht in sterilen, künstlich geschaffenen Freiräumen.

Nicht umsonst gibt es den Spruch: »Dreck reinigt den Magen.« Wir haben nämlich noch einen Stoff vergessen, den freilebende Tiere regelmäßig in kleinen Mengen aufnehmen: Erde. Hier finden wir die Erklärung dafür, daß Straßenkinder und streunende Hunde oft so gesund erscheinen: Ihr Immunsystem wurde von klein auf trainiert und erstarkte dadurch wie die Muskeln eines Sportlers durch Übung. So verstehen wir auch leicht die positive Wirkung von (Luvo's) Heilerde (Reformhaus) oder Auricher Moor (a), die dem Futter teelöffelweise beigegeben werden. Dadurch ergibt sich ein günstiger Einfluß bei Durchfall, auf die Giftabsorption, auf die Darmtätigkeit, die Darmflora und den pH-Wert.

Darmbakterien und eventuell Heilerde sollten unbedingt nach jeder systemischen Antibiotikabehandlung und nach schweren Durchfällen oder Darmoperationen einige Wochen lang gegeben werden. Leider verordnen nur sehr wenige Tierärzte solche Mittel und beschwören damit oft spätere Verdauungsprobleme herauf.

Die Zusammensetzung der Bakterien im Darm hat nicht nur großen Einfluß auf die Stuhlfestigkeit, sondern auch auf die Immunlage des Organismus gegen Krankheiten und auf die Durchlässigkeit von Erregern durch die Darmwand ins Blut. Immer ist bei den durchfallanfälligen, hyperkinetischen Hunden eine Darmfloraverschiebung festzustellen. Diese Form von Verdauungsstörung ist meist gekoppelt mit einer mangelnden Ausschüttung von Enzymen in den Darm (Maldigestion) durch akute Entzündung oder bereits chronische Unterfunktion der Bauchspeicheldrüse. Beides zusammen führt zu Mangelverdauung und damit gestörter Resorption (Malabsorption), so daß trotz vollwertiger Fütterung Mangelerscheinungen entstehen können, da z. B. bei einer Verschiebung der Mikroflora vermehrt B-Vitamine und Folsäure verbraucht werden.

Dies ist feststellbar durch Untersuchung des Blutserums. Weiterhin empfehlen sich zur genauen Diagnose Laboruntersuchungen des Harns auf Nitrosonaphtol und Indikan sowie des Stuhls auf Hefen, pathologische Bakterien, unverdaute Futterbestandteile, Chymotrypsin und Gallensäuren. Weitere Blutuntersuchungen auf Eosinophilie, Cortisol-Spiegel und Immunglobuline sind möglich. Sie sind nicht immer zuverlässig und kosten viel Geld, sind aber bei Allgemeinstörungen unumgänglich. Eine Ernährungsumstellung können Sie in jedem Falle selbst als Diagnose und Therapie durchführen. Es gibt noch nicht viele Tierärzte, die auf Diätetik spezialisiert sind, es sei denn solche, die einen Vertrag mit einer Firma haben, die Allergiefutter vertreibt.

Auch von hyperkinetischen Kindern ist bekannt, daß sie sehr oft eine Überwucherung des Darms mit Candida-Pilzen aufweisen, oft durch zuviel Zuckerkonsum ausgelöst. Höchstwahrscheinlich ist das bei Hunden ebenso der Fall, denn Hefen leben von Kohlenhydraten. Wie ich vorher darlegte, fressen unsere Hunde heute viel zuviel davon, und zwar in Leckerchen, welche oft nur Leerkalorien ohne Vitalstoffe hergeben, und außerdem in Trocken- und Halbfeuchtfertigfutter, das neben dem hohen Getreideanteil noch bis zu 10 % Zuckerzusatz enthält. Letzterer muß nicht einmal deklariert werden. (20) Pilzkrankheiten sind übrigens ein allgemein wachsendes Problem in der Tierhaltung, aber auch in der Humanmedizin. Auf gar keinen Fall ist Zucker für Hunde ein physiologisches Nahrungsmittel, auch nicht als gelegentliche Beigabe.

Der Nachweis von Hefen und Pilzen im Darm erfolgt durch obengenannte Laboruntersuchungen, die Therapie durch Reduktion der Kohlenhydrate im Futter und ihren Ersatz durch tierische Poteine und gleichzeitige kurmäßige Verabreichung von Antipilzmitteln wie z. B. Moronal.

Auch die eitrige Verpilzung der Haut im Kopfbereich (im Erscheinungsbild ähnlich der Neurodermitis bei Kindern), chronische Zwischenzehenekzeme, die chronisch eitrige Entzündung des äußeren Gehörgangs sowie sekundäre Harnwegsentzündungen und die juvenile eitrige Vaginitis der Junghündinnen sind oftmals ursprünglich futterbedingten, mykotisch-allergischen Ursprungs.

Zu diesem ganzen Komplex sind auch das Zinkmangelsyndrom der Huskies und das Wutsyndrom des Berner Sennenhundes zu rechnen. Diese Rassen waren nur zufällig die ersten, die auffällig wurden.

Bei positiver Diagnose einer gestörten Bauchpeicheldrüse und Darmflora sollte außer in schweren Fällen in Verbindung mit anderen Allgemeinstörungen keinesfalls mit Antibiotika, sondern mit strengem Diätwechsel, Vitamin-B-Gaben, Beimpfung mit physiologischen Bakterien und übergangsweise mit dem Ersatz der fehlenden Enzyme behandelt werden. Nach Analyse von Blut und/oder Haar müssen gegebenenfalls weitere fehlende Vitamine oder Mineralien parenteral (d. h. unter Umgehung des Verdauungstraktes) oder oral in Form von ungefärbten Tabletten zugeführt werden. (Es ist darauf zu achten, daß die oralen Mittel nicht dragiert sind und keine künstlichen Zusatzstoffe enthalten. Sie werden von amerikanischen Firmen hergestellt.)

Da entweder ein allgemeiner primärer Mangel in unserer Nahrung daran besteht oder durch gestörte Resorption gewöhnlich Mehrbedarf vorhanden ist, können – wie bei den entsprechenden Kindern – folgende Mittel therapieunterstützend eingesetzt werden (in der Reihenfolge ihrer Wichtigkeit):

Zink (bewirkt bei Mangel Störungen von Haut, Immunität und Nervensystem),
Vitamin B_{12} (unterstützt Nerven und Bakterienflora),
Vitamin-B-Komplex (bei Mangel, Darm- und Nervenstörungen in Form von Verwirrung und gestörter Motorik),
essentielle Fettsäuren,
Kalzium (wirkt antihistaminisch und gefäßabdichtend),
Selen (Mangel führt zu Nervosität durch fehlende Entgiftung),
Folsäure,
Eisen,
Magnesium (beruhigt),
Vitamin C (in hohen Dosen),
Vitamin E (wirkt entgiftend).

Alle B-Vitamine befinden sich vornehmlich in Fleisch und Innereien, Vitamin B_1 besonders im Magen-Darm-Inhalt von Pflanzenfressern. Diese Vitamine wirken probiotisch, d. h. sie unterstützen die Vermehrung positiver Darmbakterien, im Gegensatz zu Antibiotika, die gegen lebendige Bakterien wirken.

Übrigens vergrößern Impfungen, regelmäßiges Entwurmen, mangelnde Muttermilch (Flaschenaufzucht) und zu frühe Mutter-Trennung das Risiko späterer Allergieneigung, zusätzlich zu früher Instant-Industriefütterung, welche schon bei Welpen durch ungeeignete Futtersubstanzen durch Antigen-Antikörper-Reaktionen zu Darmempfindlichkeiten führen kann. Welpen sind durch ein noch nicht voll ausgereiftes Immunsystem besonders empfindlich gegen unnatürliche Fremdstoffe. So ist es wohl auch in meiner eigenen Zucht gewesen, durch zu frühes Zufüttern von Fertigfuttermischungen im vollen Vertrauen auf die Wissenschaft. Schließlich ist ja die Darmwand der Welpen auch noch durchlässig für die erwünschten Immunschutzstoffe der Muttermilch. Das durch Impfungen, Desinfektionen, steriles Futter und mangelnden Kontakt mit Krankheiten unterforderte Immunsystem sucht sich dann gewissermaßen eine ersatzweise Betätigung in Form von Allergien. Sogar die Ernährung der Mutterhündin (die in meinem Falle aber selbst nie auffällig war) mit Fertigfutter spielt bereits eine Rolle, denn der Allergiestatus der Eltern beeinflußt den der Kinder.

Der Vollständigkeit halber möchte ich noch kurz auf eine andere Therapie der Allergie hinweisen: die Hyposensibilisierung. Hierbei wird gegengesteuert durch wöchentliche Injektionen des Allergens in aufsteigender Dosierung. Diese Form der Behandlung ist aber bei Futterallergien oft nicht ausreichend wirksam, außerdem teuer und langwierig. Auch sind Neusensibilisierungen gegen die Inhaltsstoffe der

Spritzlösungen vorgekommen. Die Wirkung läßt oft ungefähr eineinhalb Jahre nach der Durchführung wieder nach und muß dann erneut begonnen werden. Vermeidung ist in jedem Falle besser, weshalb sich diese Kur von einigen Monaten bis zu einem Jahr durch einen hierauf spezialisierten Tierarzt nur empfiehlt, wenn eine Umgehung des Allergenkontakts nicht möglich ist, z. B. bei einer Allergie gegen Hausstaub(-milben) oder Gräser.

Zum Schluß möchte ich noch ein paar Hinweise zur Diätbehandlung einiger Krankheiten geben, welche sich durch einfache Futterumstellung ohne belastende Medikamente und Tierarztkosten oft beheben lassen. Sollte allerdings die Futterumstellung binnen weniger Tage keine Wirkung zeigen, ist dringend der Tierarzt zu Rate zu ziehen, denn natürlich kann ich z. B. keinen wurmbedingten Durchfall nur mit Diät heilen. Hier müssen selbstverständlich zusätzlich auch Parasitaria zur Anwendung kommen, obwohl sogar in diesem Fall eine natürliche Diät aus einer Mischung feingeriebener roher Möhre, Peperoni und Knoblauch und danach Rizinusöl möglich ist. Papayasamen sollen durch ihre eiweißspaltenden Enzyme bei gleichzeitiger Nahrungsenthaltung ebenfalls gegen Würmer wirken.

So wie die Ernährung eine der wichtigsten Krankheitsursachen darstellt, so kommt ihr auch als Gesundheitsfaktor ein entscheidender Platz in der Vorbeugung und Behandlung von Krankheiten zu.

Diäten sind immer einen Versuch wert, auch zur Unterstützung medikamentöser Therapie. Bei allergisch bedingter Diarrhöe, bei Bauchspeicheldrüsen-Krankheiten, Darmdysbiosen und auch bei Zerebralallergien mit hyperaktiven Wesensveränderungen bringen sie fast immer Erfolg, ebenso insbesondere bei vielen chronischen Krankheiten der Ohren und der Haut, die ohne Futterumstellung oft jahrelang ohne dauerhaften Erfolg behandelt werden. Kein Wunder, wenn das krankmachende Agens weiterhin täglich zugeführt wird.

Diätrezepte für zu Hause und Allergiefutter-Anbieter sind im Anhang aufgeführt. Schon lange, bevor die neuen käuflichen Fertigdiäten auf dem Markt waren, gab ich an meine Patientenbesitzer für die entsprechenden Krankheiten schriftliche Fütterungsanweisungen für eigens zuzubereitende Diäten mit, die ich Ihnen hier nicht vorenthalten möchte. Da nach meiner Schätzung 80 % aller in der tierärztlichen Praxis vorgestellten Erkrankungen bei Hunden fütterungsbedingt sind, ist auch ein ebenso hoher Prozentsatz durch Ernährungsumstellung heilbar.

Ich hatte meine Diätzettel in jahrzehntelanger Kleinarbeit zum Teil antiquarischen Tierarzneibüchern entnommen, die aus einer Zeit stammen, in der man noch nicht einfach zum Antibiotikum greifen konnte, da es solche Mittel noch gar nicht gab und man sich statt dessen auf zahlreiche andere Hilfsmittel verlassen mußte. Alle Fütterungsanweisungen sind vielfach in meiner Praxis und bei meinen eigenen Tieren erprobt worden.

Heute wird dagegen zu schnell und zu oft zu Antibiotika gegriffen, ohne deren schädliche Nebenwirkungen zu berücksichtigen. Die Antibiotika wirken dann in lebensbedrohlichen Fällen unter Umständen nicht mehr, weil der Darm schon vorgeschädigt ist und durch Gewöhnung der Keime widerstandsfähige Bakterien entstanden sind (= Resistenz). Auch bei Virusinfektionen werden nach alter Schulmedizin gegen eine manchmal folgende bakterielle Besiedlung (= Sekundärinfektion) Antibiotika verordnet. Das ist in den meisten Fällen unnötig, schwächt den Organismus zusätzlich, insbesondere das Abwehrorgan Darmschleimhaut, und begünstigt Pilzinfektionen aller Art.

Achten Sie bei Ihrem Tierarzt auf natürliche Behandlungsweise durch Homoöpathie und Diäten, welche sich hervorragend gegenseitig ergänzen. Man sollte dabei aber auch wieder nicht das Kind mit dem Bade ausschütten und in Fanatismus verfallen, denn selbstverständlich sind bei lebensbedrohlichen Erkrankungen Antibiotika ein Segen der Medizin!

Möglicherweise erfordert die natürliche Art der Therapie (Gleiches mit Gleichem heilen, wie in der Homöopathie, und nicht nur individuell, sondern auch momentan richtige Diät) ein bißchen mehr Zeit und Geduld, bringt aber mehr Widerstandskraft auf Dauer als reine Symptombekämpfung (Regulationstherapie).

Leider sind diese Diäten wie auch die Kräutermedizin alter Tage viel zu sehr in Vergessenheit geraten, obwohl sie über Jahrhunderte wirksam waren und in vielen Teilen der Welt heute noch sind.

So können als Hausmittel beim Hund auch Kräuter und ihre Tees wie beim Menschen angewandt werden. Das Problem hierbei ist weniger die mangelnde Wirksamkeit als vielmehr die meist fehlende freiwillige Akzeptanz unserer vierbeinigen Freunde, denen dabei auch mit gutem Zureden kaum beizukommen ist. Sie müssen deshalb untergerührt oder eingegeben werden.

Wer sich besonders für die Heilung beim Hund durch Kräuter interessiert, dem möchte ich das Buch 2 in der Literaturliste empfehlen, in dem die Autorin davon berichtet, wie sie bissige, zappelige und unruhige Hunde mit Naturfutter und Kräutern zu ausgeglichenen und gesunden Tieren macht.

8

Verhaltenskonditionierung des hyperaktiven Hundes

Die nachfolgend empfohlenen Erziehungsmethoden sind nur wirksam bei vorausgegangener, gleichzeitiger und beibehaltener Diät gegen die entsprechenden Allergien, die ich bei meinem Hund mit dem in Kapitel 7 empfohlenen Schema der Eliminierungs- und Provokationsdiät herausgefunden habe. Nach dem Grundsatz: »Diät ist nicht alles, aber ohne Diät ist alles nichts.«

Wir haben ja schon reichlich fruchtlose Erziehungsversuche hinter uns, die daran gescheitert sind, daß das Erinnerungsvermögen des Hundes gestört ist und deshalb kein Lernprozeß stattfinden kann. Nur durch Er*inner*ungsvermögen ist aber eine *innere* Vorausschau auf die Zukunft möglich, auf das, was passieren wird, und nur so kann es gegebenenfalls vermieden werden. Das setzt auch eine verläßliche Belohnung oder Strafe und viele Wiederholungen voraus.

1. Jedes erwünschte Verhalten sollte sofort belohnt werden.
2. Jedes unerwünschte Verhalten sollte sofort bestraft werden, das braucht nur die scharfe Stimme zu sein. (11)

Es ist ja auch wirklich nicht einfach für einen Hund, sich dem häuslichen Leben einer anderen Spezies anzupassen: Das Benagen von Knochen ist erlaubt, nicht aber das von Möbeln. Das Versäubern im Wald ist erlaubt, nicht aber das im Haus.

Und so fort. Um das alles zu begreifen, reichen Intelligenz und Gehirnkapazität eines wahrnehmungsgestörten Hundes *vor* einer Behandlung nicht aus.

Das Sauberkeitsproblem löst sich durch Vermeidung allergieauslösenden Futters (besonders Trockenprodukten) unter Umständen wie von selbst, denn die allergenen Giftstoffe bewirkten

1. vermehrtes Trinken. Mit Wasser als Lösungsmittel und Transportmedium schwemmt der Körper Giftstoffe aus. Es bewirkt größeren Harndrang.
2. Bei zerebralallergisch gestörten Hunden wird das Körpersignal »gefüllte Blase« zu spät registriert. Deshalb setzen sich diese Hunde oft ohne vorbereitende Anzeichen (wie Schnuppern oder Sich-im-Kreise-Drehen) mitten im Laufen hin.

Durch Vermeidung des Allergens fallen diese Ursachen weg, hinzu kommt eine bessere Lernbereitschaft, die ich durch Gegenkonditionierung unerwünschten Verhaltens nutze.

Diese Hunde sind – neurologisch bedingt – nur lernfähig, wenn ihr Körper und Gehirn von ihren individuellen Giftstoffen befreit arbeiten können. Das Entscheidende ist neben natürlichem Futter, wie beschrieben, ein möglichst regelmäßiger Tagesablauf und eine verläßliche Erziehung.

1. Individuell herausgefundenes Diätfutter immer jeden Tag zur gleichen Zeit und am gleichen ruhigen Ort füttern.
2. Morgens als erstes, abends als letztes und dazwischen mindestens dreimal über den Tag verteilt mit einem Wohnungshund ausgehen. Bei einem Hund mit großem Zwinger reicht ein großer Spaziergang pro Tag, es sei denn, er soll den Zwinger möglichst sauber halten; dann gelten die

gleichen Empfehlungen. Mindestens ein Spaziergang am Tag sollte länger als eine halbe Stunde dauern, und auch bei der Wegstrecke liebt ein Hund Abwechslung. Er sollte auf jeden Fall Freilauf beinhalten, wenigstens in einem eingezäunten Garten oder auf einem öffentlichen Hundespielplatz o. ä. Wenn das nicht möglich ist, benutze ich wenigstens eine sogenannte Flexileine, die 5–10 m weit Auslauf gewährt, wo es möglich ist, und sich wieder automatisch aufrollt, wo nötig. Ein sicher sauberer und normalisierter Hund kommt einige Monate später auch mit etwas weniger Auslauf aus.

3. Konsequente Gehorsamkeitsübungen mehrmals einige Minuten täglich, z. B. zweimal täglich 5–10 Minuten. (Herankommen, »sitz!«, »bei Fuß!« usw.) Leckerchen sind wegen Diät und überschäumendem Temperament (will sofort alles) problematisch. Möglich sind aber später z. B. Stückchen von getrockneten Putenmägen oder gefriergetrockneter Leber. Positive Verstärkung durch Lob, Streicheln, Freilauf oder Spiel mit Ball, Tau oder Sack. Antiautoritäre, zu weiche Erziehung ist völlig fehl am Platz, besonders bei dominanten Rüden, die Grenzen spüren müssen. Gefragt sind Konsequenz, Geduld, Beständigkeit und Entschlossenheit, ohne grob zu sein.
4. Gegen Zerstörungswut ist es ratsam, die Schlafbox mit Zeitungspapier, Schafwolle, Heu oder Stroh auszulegen. Empfohlen wird auch Farnkraut als Schlafunterlage gegen Ungeziefer. Kauknochen zur Beschäftigung.
5. Gezielte Beschäftigung oder Ausbildung (Radfahren, Hundeschule usw.) und abwechslungsreiches Umfeld durch verschiedene Spazierwege; Bürsten und Körperpflege; Hundetreffs usw. anbieten (Verstärkung artgerechter Reize!). So wenig wie möglich allein lassen, einsperren oder anbinden (Verminderung nicht artgerechter Reize!).

ANHANG

Literaturverzeichnis

1	Zimen, Erik	Der Wolf	Knese-beck	1997
2	De Bairacli-Levy, Juliette	Das Kräuterhandbuch	Zweitau-sendeins	1987
3	Plechner, A. J./ Zucker, M.	Pet Allergies	Very Healthy Enter-prises	1987
4	Biber, Vera	Hilfe, mein Kind ist unerziehbar!	Becker	1999
5	Schneider-Leyer, Erich	Mein Freund, der Dachshund	Eugen Ulmer	1961
6	Lewis, L. D./ Morris, M. L./ Hand, M. S.	Klinische Diätetik für Hund und Katze	Schlüter-sche Verlags-anstalt	1990
7	Flasshoff, H. J.	Darmerkrankungen beim Hund	Effem For-schung f. Kleintier-ernäh-rung	1986
8	Morris, M. L./ Lewis, L. D./ Hand, M. S.	Leitfaden für die Diät-behandlung des Klein-tieres	Hill's	1987
9	Harrison, Ruth	Tiermaschinen	dtv	1968

10	Dodman, Nicholas	Wer ist hier der Boss?	Hoff-mann & Campe	1997
11	Tortora, Daniel	Schwieriger Hund – was tun?	Müller	1979
12	Rakow, Barbara	Der homöopathische Hundedoktor	Franckh-Kosmos	1999
13	Bergler, Reinhold	Mensch und Hund	Edition Agrippa	1986
14	Grimm, Hans Ulrich	Die Suppe lügt	Droemer Knaur	1999
15	Trumler, Eberhard	Trumlers Ratgeber für den Hundefreund	Piper	1998
16	Trumler, Eberhard	Hunde ernst genommen	Piper	1999
17	Case, L. P./ Carey, D. P./ Hirakawa, D. A.	Ernährung von Hund und Katze	Schat-tauer	1997
18	Askew, Henry R.	Behandlung von Verhaltensproblemen bei Hund und Katze	Blackwell	1997
19	Niemand, H. G.	Hundehaltung, aber wie?	Oertel + Spörer	1974
20	Meyer, H./ Zentek, J.	Hunde richtig füttern	Ulmer	1996
21	Fisher, John	Verhaltensstörungen bei Hund und Katze	Kynos	1996

Tabelle I a
Industriell gefertigte Alleinfutterarten

Trockenfutter		**Dosenfutter**	
Vorteile	**Nachteile**	**Vorteile**	**Nachteile**
Gute Vorratshaltung ohne schlechte Gerüche u. Verderb	Nach Stunden großer Durst	Normaler Durst	Nach Öffnen kühl aufzubewahren
	Treibt sehr	Fleischähnlich im Wassergehalt	
Praktisch und zeitsparend bei Reise und Urlaub	Bei Feuchtwerden schnell sauer		
Gut für die Zähne	Kann zu Hautproblemen, Harnsteinen, Allergien und Adipositas führen		Auf Dauer schlecht für die Zähne
	Geringere Verdaulichkeit, große Kothaufen		Ca. 70 % wird in Form von Wasser bezahlt, geschleppt und gestapelt = mehr Transportarbeit für gleiche Sättigung
Billigstes Sattmachen			Teuer für Großrassen
			Zum Teil besonders unangenehmer Kotgeruch

Trockenfutter		Dosenfutter	
Vorteile	**Nachteile**	**Vorteile**	**Nachteile**
	Weniger palatabel		Schnellere Firmenfixierung durch Lockstoffe
	Oft zuviel Talg und zu wenige essentielle Fettsäuren	Mehr Fett	

Tabelle Ib

In Industriefutter normalerweise eher

Überschuß an	Mangel an
Kohlenhydraten, auch Zucker	Wasser
Kochsalz, Natrium	aktiven, natürlichen Enzymen und Bakterien
Spuren chemischer Giftstoffe (Äther als Fettlöser, Phosphorsäure, Spuren von Plastik und Metall, Detergentien)	tierischen Ballaststoffen wie Fell, Horn, Haut usw.
pflanzlichem Eiweiß	tierischem Eiweiß
	(tierischen) Fetten, essentiellen Fettsäuren
Soja, Weizen, Mais	
Phosphor	Kalzium, Zink
kalorischer Energie	
Schmutzstoffen (Haare, Sand, Kordeln, Papier, Schadinsekten)	
viel zu vielen verschiedenen Futterstoffen (bis zu 5 verschiedenen Getreiden, bis zu 6 verschiedenen tierischen Proteinen)	
thermischer, chemischer und mechanischer Aufbereitung	Frische, Vollwertigkeit, Naturbelassenheit
Speisefarbe (z. B. Natriumnitrit für rote Fleischfarbe)	

Überschuß an	Mangel an
Zusätzen: Emulgatoren/Geliermitteln/Geschmacksverstärker (Glutamat)/Antioxidantien, (Fett-)Stabilisatoren/antimikrobiellen Mitteln, Schimmelhemmern/künstlichen Aromen/wasserbindenden Stoffen, Bindemitteln/Zellulosepulver/künstlichem Süßstoff/Säuerungsmitteln	

Tabelle II

Frage	j	n
Hat Ihr Hund anfallsweise Durchfall ohne ersichtlichen Grund, obwohl er das übliche Futter bekommen hat?		
Hat er immer guten Appetit?		
Scheint er unersättlich an Unterhaltung, Futter und Sucht nach Abwechslung?		
Zerstört er übermäßig viele Sachen, richtet er inakzeptabel viel Schaden an?		
Hat er selten Blickkontakt zu Ihnen?		
Kommt er Ihren Befehlen wegen übersteigerter Motorik nicht nach, obwohl Sie wissen, daß er Sie verstehen müßte?		
Ist er spät oder nie vollständig stubenrein geworden?		
Bleibt er schlank trotz gutem Appetit?		
Hat er ein glänzendes Fell und ein gutes Gebiß?		
Neigt er zu Aggressivität gegenüber Menschen oder Artgenossen?		
Reagiert er nur wenig oder gar nicht auf schmerzhafte Züchtigungen?		
Bleiben Lob oder Strafe ohne Verhaltensänderung?		
Läuft er lieber hin und her, statt mit Ihnen zu schmusen?		
Braucht er lange, bis er sich nach einem Spaziergang neben Sie legt, oder tut er dies nie?		
Hat er manchmal abrupte Inaktivitätsphasen?		

Reagiert er auf jede kleinste Ablenkung mit spontaner Aktivität? (Zum Beispiel: springt immer auf, wenn Sie aufstehen; läßt sich leicht provozieren und bei jeder Kleinigkeit aus der Ruhe bringen oder von Befehlen wie »sitz!« abbringen.)		
Hechelt er viel, und hat er eine übermäßig lange Beruhigungsphase nach Ausgang?		
Kann er stundenlang ziellos hin- und herlaufen?		
Hat er zuweilen völlig unberechenbare Reaktionen?		
Ist er streitsüchtig?		
Vermissen Sie eine tiefere Beziehung zu ihm?		
Hat Ihr Hund einen unangenehmen Maul- oder Körpergeruch?		
Hat er oft unangenehm riechende Blähungen?		
Scheint er unbegrenzte, übernatürliche Energie zur Verfügung zu haben?		
Ist er schwer leinenführig (zieht dauernd, hoppelt, springt, statt zu traben)?		
Ist er ausdauernd?		
Fetzt er so um die Ecken, daß er manchmal über seine eigenen Beine fällt oder ausrutscht, es aber immer wieder tut?		
Leckt er sich phasenweise ununterbrochen?		
Ist seine Reiz- und Ablenkungsschwelle besonders niedrig?		
Kratzt er Mörtel ab und frißt ihn, auch gelegentlich Schaumgummi, Stoff oder ähnlich Unverdauliches?		
Jagt er bisweilen imaginäre Tiere oder kratzt wie irre auf Hartholz oder Beton?		

Zusammenfassung natürlicher Vollwerternährung

Die Nahrungsbestandteile der linken Spalte sollen durch die in der rechten Spalte genannten Futterbestandteile ersetzt werden.

Wolf in der Natur	**Hund im Haus**
Muskelfleisch und Organe der Beutetiere	Rohes Fleisch und Organe verschiedener Tiere im Wechsel
Knochen	Rohe Knochen von Jungtieren, ersatzweise organisches Knochenmehl
Knorpel	Knorpel, Ohren, Ochsenziemer usw.
Vorverdautes Gras	Wenig gekochtes Getreide, frische Kräuter und/oder Gemüse, Algen- oder Kräuterzusätze
Lebende Bakterien und Enzyme	Gelegentlich etwas Joghurt mit lebenden Bakterien, ggf. Spezialpräparate
Blut	(Hunde-)Blutwurst
Fett	Tierfette, Fischöl
Fell, Federn, Haut	Kauknochen, getrocknete Fellstücke
Erde	Heilerde, Auricher Moor

Diätplan für den durchfallkranken Hund

Bitte achten Sie im Interesse Ihres Tieres darauf, daß Ihr Hund keine andere Nahrung oder Liebesgaben mehr bekommt und folgende Diät in drei bis sechs kleinen Portionen täglich eingehalten wird:

*****

Gekochte Leber, gekochtes Huhn oder gekochtes Schaffleisch
oder hart gekochtes Ei
oder Magerquark oder Hüttenkäse.
Rohe Knochen von Jungtieren (Kalb, Lamm), besser Knochenmehl, unterrühren.
Reisbrei, Hundepuffreis oder Kartoffelbrei (ohne Milch).

Außerdem können dem Futter einige Teelöffel Heilerde, geriebener Apfel oder Möhre beigegeben werden.
Eventuell Kohletabletten.

Ein bis zwei Fastentage schaden nicht.

Wichtig:

Reichlich zu trinken:
Karottensaft; schwarzer Tee (lange gezogen); Kamillentee; Fencheltee; Pfefferminztee.
Abgekochtes oder stilles Wasser, eventuell mit einem kleinen Schuß Rotwein.
Alles nicht zu kalt, eventuell mit etwas Traubenzucker und pro Liter ca. 1 Teelöffel Salz.

Sobald der Stuhl sich verfestigt hat, soll langsam auf wässrigen Haferschleim (ohne Zucker) oder Reishundeflocken mit magerem, gekochtem Fleisch mit der Brühe oder Hackfleisch, übergegangen werden. Bei Verträglichkeit kann mit Hundekuchen wieder zu normalem Futter übergegangen werden.

*****

Streng verboten: Fett, Trockenfleisch, anderes Getreide außer Reis, Trockenfutter, rohe Fleischabfälle (insbesondere z. B. Milz oder Leber), Dosenfutter, Weizenmehl, Kleie, Zucker, Milch, Tischabfälle.

Diätplan bei Unterfunktion der Bauchspeicheldrüse

Bitte achten Sie im Interesse des Tieres darauf, daß Ihr Hund ab sofort keine andere Nahrung oder Liebesgaben mehr bekommt und die folgende Diät – in mehreren kleinen Portionen über den Tag verteilt – eingehalten wird:

*****

Labmagen oder grüner Blättermagen,
ersatzweise gekochtes Hühner-, Schaf- oder Kalbfleisch
oder gekochter Fisch
oder Hüttenkäse oder Magerquark
oder gekochtes Ei

mit gekochtem Reis oder Hundereisdiät
oder Kartoffelbrei (ohne Milch und Salz)
oder Hirsebrei
oder Haferschleim.

Beifutter:

Etwas Fischöl,
frische gehackte Kräuter,
Knochenmehl,
eventuell Vitamin-B-Präparate, Pankreasfermente.

Trinken ohne Begrenzung.

*****

Streng verboten: zuviel Fett, andere als o. a. Getreideflocken, Milch, Trockenfutter, Trockenfleisch, Hundekuchen, Dosennahrung.

Diätplan gegen Verstopfung beim Hund

Rohes Pferdefleisch, rohe Milz, rohe Leber, rohes Knochenmark, fettes Fleisch
oder Milch, Dickmilch, Sauermilch.

Geriebene Möhren; getrocknete, feingeschnittene Feigen, Datteln oder Pflaumen; Kleie oder Leinsamenschrot.

Etwas Fischöl.

Außerdem kann gegeben werden:

1 Messerspitze Glaubersalz oder Karsbader Salz pro Tag,
je nach Größe und Schwere 1 Teelöffel bis 3 Eßlöffel Rizinusöl pro Tag,
teelöffelweise Paraffinöl,
Milchzucker.

Das Futter soll möglichst suppig angeboten werden. Nach Normalisierung des Stuhlgangs kann auf Fleischbrühe, dann auf gekochte Lunge oder rohen Pansen mit Haferschleim oder Reis übergegangen werden.

Viel Bewegung und Trinken sind wichtig!

*****

Streng verboten: jegliche Art von Knochen, gekochte oder gebratene Leber, Knochenmehl, Trockenfutter, Hülsenfrüchte, Kartoffeln, Leckereien.

Aufbaudiät

(bei Rekonvaleszenz, Appetitmangel oder Untergewicht)

Geben Sie in drei bis sechs Portionen täglich, eventuell zur freien Aufnahme und angewärmt, notfalls Zwangsernährung mit der Hand:

Rohes Hackfleisch oder feingeschnittenen Pansen mit überbrühten Futterhaferflocken oder Haferschleim, Reisschleim,
etwas roh geriebene Möhre und/oder gehackten grünen Salat,
alles gemischt, Menge ohne Einschränkung.

Dickmilch mit etwas Quark, rohem Eigelb und etwas Traubenzucker.

Trinken ohne Einschränkung, notfalls kräftige Fleischbrühe oder Kalbsknochenbrühe mit geschlagenem Eidotter einflößen.

Wichtig ist zusätzlich täglich ein gutes Vitamin-Mineralstoff-Präparat. B-Vitamine machen Appetit. Der Geruch von etwas Fischöl ist für die meisten Hunde unwiderstehlich. Hunde in Gesellschaft von Artgenossen fressen mehr. (Notfalls Nachbars Hund ausleihen.)

Diätplan bei Adipositas des Hundes

Bitte achten Sie im Interesse des Tieres darauf, daß der Hund ab sofort keine andere Nahrung und Liebesgaben mehr bekommt und folgende Diät streng eingehalten wird:

*****

Ganz mageres Fleisch, roh oder gekocht mit der Brühe, wenig Pansen, am besten Lunge oder Tartar.
Magermilch, Sauermilch oder Magermilchjoghurt natural (besonders bei Neigung zu Verstopfung).

Viel feingeriebene Möhre, pürierter grüner Salat oder anderes rohes Gemüse oder geriebener Apfel oder anderes rohes Obst.

Kleie oder eingeweichter Getreideschrot.

Einmal am Tag füttern, nach maximal 20 Minuten Futternapf wegnehmen. Ein Fastentag in der Woche! Möglichst viel Bewegung!

*****

Streng verboten: Hundekuchen, Knochen, gewöhnliches Trockenfutter, Fette, Teigwaren, Kohlenhydrate jeglicher Art, besonders Zucker, Süßigkeiten, Hundeleckerchen, Kuchen, Schokolade.

Diätplan bei Diabetes

Bitte achten Sie im Interesse des Tieres darauf, daß Ihr Hund ab sofort keine andere Nahrung oder Liebesgaben mehr bekommt und folgende ballaststoffreiche, kohlenhydratarme, fettarme Diät (in drei bis fünf kleinen Portionen täglich zu gleichen Zeiten) streng eingehalten wird:

*****

90 % mageres Muskelfleisch (am besten Huhn oder Kalb),
10 % der Portion gekochter Reis, auch Topinambur.
Dazu rohe geriebene Karotten, etwas Becel oder Fischöl, etwas Salz.
Zusatz eines Vitamin-Mineralstoff-Präparates.

Wasser oder Milch nach Belieben.

*****

Streng verboten: Süßigkeiten, Zucker, große Mengen Kohlenhydrate jeder Art wie Trockenfutter, Getreideflocken, Leckerchen, Tischabfälle, Dosenfutter.

Diätplan für den leberkranken Hund

Bitte achten Sie im Interesse Ihres Tieres darauf, daß der Hund ab sofort keine andere Nahrung oder Liebesgaben mehr bekommt und folgende Diät eingehalten wird, die in vielen kleinen Portionen über den Tag verteilt sein soll:

*****

Mageres rohes Fleisch ohne Fett nur in kleinen Mengen,
Magerquark,
Milch,
Fleischbrühe,
Haferschleim.

Außerdem können dem Futter Hefeextrakt und/oder Traubenzucker zugefügt werden.

Trinken ohne Einschränkung: Wasser, Milch, Fleischbrühe oder Pfefferminztee.

*****

Verboten ist insbesondere Fett.

Diätplan
für den herzkranken Hund

Bitte achten Sie im Interesse Ihres Tieres darauf, daß der Hund ab sofort keine andere Nahrung oder Liebesgaben mehr bekommt und folgende Diät eingehalten wird, die über den Tag auf drei bis vier kleine Mahlzeiten verteilt sein soll:

*****

Mageres Fleisch, Fleischabfälle, am besten gekocht,
oder gekochte Innereien,
Milch,
Eigelb,
Fleischbrühe.
Dazu etwas Honig oder Traubenzucker und zerquetschte Bananen.
Hundekuchen.

Je nach Herzbefund können Sie Ihrem Hund verdünnten Kaffee oder schwarzen Tee zu trinken geben.

Wichtig sind gute Verdauung, kein Übergewicht und keine Überanstrengungen!

*****

Streng verboten: Salz (z. B. in Brotbelag), zuviel Flüssigkeit und stopfendes Futter (z. B. Knochen).

Diätplan für den nierenkranken Hund

Bitte achten Sie im Interesse Ihres Tieres darauf, daß der Hund ab sofort keine andere Nahrung oder Liebesgaben mehr bekommt und folgende proteinarme, fett- und kohlenhydratreiche Diät eingehalten wird:

*****

Nur in kleinen Mengen: Hühnerfleisch, Muskelfleisch, Kalbfleisch, Fisch, Quark, Tartar oder Ei.

Milchreis,
Bouillonreis,
Hundeflocken, Haferschleim,
Milchsuppen,
Kartoffelbrei,
Käse,
Gemüse.

Ausreichend Fett.

Außerdem können dem Futter beigegeben werden:
Bouillonwürfel, gegebenenfalls etwas Salz,
bis zu 1 Eßlöffel Futterkalk, Vitamin-Mineralstoff Präparat.

Wichtig ist viel Trinken: Fleischbrühe, Milch, leicht gesüßter Bärentraubenblättertee oder Nierentee.

*****

Streng verboten: jedes andere als das oben angegebene Fleisch sowie o. a. Fleisch in großen Mengen.

Vertriebsfirmen

a) Schecker Tier und Technik GmbH & Co., Ostvictorburer Str. 109, 26624 Südbrookmerland
b) Canina Pharma GmbH, Kleinbahnstr. 12, 59069 Hamm (Westf.)
c) Royal Canin Tiernahrung GmbH & Co. KG, Alteburger Str. 142, 50968 Köln
d) Hill's Pet Nutrition GmbH, Liebigstr. 2, 22113 Hamburg
e) Grau GmbH, Industriestr. 21, 46419 Isselburg
f) Olewo GmbH, Möllner Str. 14 A, 21516 Woltersdorf
g) Naumann GmbH, Am großen Teich 12, 58640 Iserlohn
h) Dr. Clauder GmbH & Co. KG, Heimtier-Spezialitäten, Ziegelweg 10, 32791 Lage (Lippe)
i) Pitz Naturprodukte, Hüblinger Str. 100, 56479 Elsoff
j) Frigera Vertriebs GmbH, Metzgerstr. 20, 52070 Aachen
k) Dibo Tierkost GmbH & Co. KG, Massiefen 25, 51399 Burscheid (Rheinl.)

Die Liste der Hersteller erhebt keinen Anspruch auf Vollständigkeit.

Dr. Vera Biber

Hilfe, mein Kind ist unerziehbar!

Leben mit einem hyperaktiven Kind Erfahrungen und Ratschläge

In ihrem Buch »**Hilfe, mein Kind ist unerziehbar!**« gewährt uns Dr. Vera Biber hochinteressante Einblicke in das Zusammenleben mit ihrem hyperaktiven Adoptivkind. Es ist leicht ablenkbar, wirkt wie fremdgesteuert und scheint dem Einfluß der Eltern zu entgleiten. Auch ständige Erkrankungen wie Magen-Darm-Beschwerden, Bronchitis und Infekte prägen den familiären Alltag.

Psychologen, Ärzte und Krankenhausaufenthalte sind wenig hilfreich. Wer hätte schließlich gedacht, daß es einen Zusammenhang zwischen diesen Verhaltens- und Gesundheitsproblemen und unverträglichen Nahrungsmitteln geben könnte? Die Diagnose: »hyperkinetisches Syndrom mit Zerebralallergie« – das ist eine vor allem im Gehirn wirksame Allergie.

Durch die Entdeckung der Allergene und eine anschließende Ernährungsumstellung wird aus dem Zappelphilipp doch noch ein umgängliches, ausgeglichenes Kind!

Die genaue Beobachtungsgabe der Autorin, ihr medizinisches Fachwissen und die präzisen Informationen zu Diagnoseverfahren, Therapien und Förderungen machen dieses hilfreiche Buch zu einer Schatztruhe für alle betroffenen Eltern.

187 Seiten, ISBN 3-929480-33-6. In jeder guten Buchhandlung.

Verlag Hartmut Becker

Bücher zu Schlüsselfragen des Lebens

In den Borngärten 9, 35274 Kirchhain

Tel.: (0 64 27) 93 04 55 • Fax: (0 64 27) 93 04 57